Mór Jókai

Bilder aus dem ungarischen Freiheitskampfe

1848 und 1849

Mór Jókai

Bilder aus dem ungarischen Freiheitskampfe
1848 und 1849

ISBN/EAN: 9783743321205

Hergestellt in Europa, USA, Kanada, Australien, Japan

Cover: Foto ©ninafisch / pixelio.de

Manufactured and distributed by brebook publishing software (www.brebook.com)

Mór Jókai

Bilder aus dem ungarischen Freiheitskampfe

Bilder

aus dem

ungarischen Freiheitskampfe 1848 und 1849.

Bilder

aus dem

ungarischen Freiheitskampfe

1848 und 1849.

Von

MORIZ JÓKAI.

Aus dem Ungarischen übersetzt. — Zweite Auflage.

Pest.

Verlag von Gustav Heckenast.

1869.

Inhalt.

	Seite
Die Rothkappler	3
Die Familie Bárdy	29
Die Gattin des Gefallenen	121
Die zwei Bräute	173
Das Széklner Weib	229

Der Rothkappler.

„Sproſſen wird das Gras, aber ſein Sproß wird nicht grün ſein, ſondern roth, ſo wie das Blut....

Aufſtrahlen wird die Sonne, aber ihr Strahl wird nicht weiß ſein, ſondern roth, ſo wie das Blut....

Klären wird ſich der Himmel, aber ſeine Wöl- bung wird nicht blau ſein, ſondern roth, ſo wie das Blut....

Anſchwellen wird der Strom, aber ſeine Welle wird nicht blond ſein, ſondern roth, ſo wie das Blut...."

....Wild tönte die blutige Davoria beim Weine, die entblößten Handſchare blitzten in den Händen der Sänger, der rothe Wein flammte in den Bechern.

— Gieß' heute Wein in dieſe Becher, ſchönes Mädchen! morgen werden wir mit rothem Blut ſie füllen! rief ein hoher Serbe mit entflammtem Ge- ſichte, indem er den Becher darhielt.

Und ein schönes Mädchen ergriff den Krug und ging der Reihe nach und füllte Allen die Becher. Ihre großen dunkeln Augen blitzten, ihre dichten schwarzen Brauen warfen Schatten auf die unter ihnen lohenden Flammen. Ihre Wangen waren blaß, aber ihre Lippen waren fast aufgesprungen von der Röthe der Hitze.

Um ihren schlanken Leib war ein rother Gürtel gebunden, im rothen Gürtel ein blitzender Dolch, ihr langes schwarzes Haar hing in zwei üppigen Flechten bis unter ihre Hüften, und in dieselben waren Bänder geflochten, welche verliebte Krieger ihr von im Kriege eroberten Fahnen gespendet.

Auf ihr brennendes Auge, ihren wogenden Busen, ihre rothen Lippen und schwarzes Haar war besser nicht zu sehen, wenn man die lieben fünf Sinne bewahren wollte.

Sie ging nach der Reihe und füllte die Becher, und wenn die wilde Davoria ertönte, hörte man aus dem rohen ungeschlachten Männergebrülle die schallende hochgehaltene Frauenstimme heraus, die rein war, wie die glättesten Töne der Kriegs=Trompete.

Die Serben waren berauscht vom Weine, vom Liede, von der Ruhmsucht und den Augen des Mädchens.

Sie sprangen zum Tanze auf und im schwerfüßigen tosenden Kolo bebte das Haus unter ihren trappenden Füßen, das Mädchen ging von Hand zu Hand, mit Jedem tanzte sie, Jeder küßte sie und wurde davon noch berauschter, aber Keiner konnte sie ermüden, Keiner vermochte ihre Wangen röther zu machen.

Wer war dies Mädchen? Was war dies Mädchen?

Erinnert ihr Euch jener Zeit, wo die Fieberhitze des Patriotismus die Seelen in so unbekannte Regionen fortriß, wo die sonst keuschen Weiber im heiligen Wahnsinn des Fanatismus sich in die Arme der Vertheidiger ihrer Nationalität warfen und, die Brust geschmückt mit der nationalen Kokarde, den Kämpfern für dieselbe freiwillig ihre Reize anboten? Und während die Männer ihr Leben opferten, trugen sie ein Opfer zum Altare, das theurer als das Leben, und so wie die ersten Proselyten des Glaubens selbst noch in den Augenblicken der letzten Qual den Märtyrertod eine Wonne nannten, so hielten sie die Schande für Ruhm und waren stolz auf sie!

Anista hieß das Mädchen. Die serbischen Heere kannten sie; sie füllte ihre Waffen, wenn sie kämpften, ihre Becher, wenn sie lustig waren, und sie schaarten sich in melancholischen Nächten um sie, wenn sie am lohenden Wachtfeuer ihre Guszlicza tönen ließ, ein schwärmerisches Schlachtenlied singend dem lauschenden Haufen.

* * *

Nach rechts und links sanken die berauschten Männer hin, der Ton der wilden Gesänge durchstreifte immer heiserer die Nacht, und draußen kräheten die Hähne den ersten Ruf nach Mitternacht.

Da prallte die Thüre auf und hereintrat ein kleiner blatternarbiger Mann im Honvedgewande, auf dem Haupte die weißrothe Kappe.

—Verrath! schrien die Serben, ihn erblickend, und griffen nach ihren in den Winkel hingestellten Waffen.

Der Angekommene blieb ruhig in der Thüre stehen.

—Erkennet mich! — sprach er, die Kappe abnehmend.

—Ah, bist Du es, Prokop?! riefen die wieder zu sich gekommenen Serben.

—Mein Bruder! schrie Anista, umschlang den

Nacken des Erkannten, drückte ihn an sich und küßte ihn auf allen Seiten.

— Was bringst Du für Nachricht aus dem magyarischen Lager?

— Nichts Gutes, antwortete er, indem er sich seiner durchnäßten Kleider entledigte und dem Feuer näherte. Gebt mir zu essen, ich hungere seit dem Morgen.

— Lebt Damjanics noch? frugen die Serben ungeduldig.

— Er lebt, um durch uns zu sterben.

Ein furchtbares, Gefallen ausdrückendes Gebrülle folgte diesen Worten.

— Wenn wir ihn nicht morden, mordet er uns. Morgen um diese Zeit wird er hier in Jarovacz sein.

— Wir schwören, daß er es nicht sein wird! schrien die berauschten Männer.

— Ich sage, daß er da sein muß. — Ob er von hier weiter geht? das ist schon eine andere Frage.

— Nein! Wir werden es nicht zugeben, daß er seinen Fuß in unsere Schanzen setze; wir jagen ihn zurück.

— Du weißt nicht, was Du sprichst. Die Rothkappler sind mit ihm.

—Was willſt Du damit ſagen?

—Was Ihr ohnehin wiſſet: daß dort, wo ſie ſind, Euern Waffen kein Sieg blüht.

—Ich möchte Dich morden für dies Wort, wenn ich nicht ſelber wüßte, daß Du wahr geſprochen.

—Sie ſah noch Niemand weichen. Für ſie iſt keine Schanze zu hoch, kein Hinderniß unbeſiegbar. Sie zählen ihre Feinde nie, jeder Einzelne wäre im Stande, auf ein Heer loszugehen. Der Windsbraut gleichet ihr Angriff, die Kanonenkugel bringt durch ihre Reihen, aber ſie hält ſie nicht zurück, ſo wie ſie den Sturmwind nicht zurückhalten würde. Jähe laufend ſtürzen ſie ſich auf ihren Feind, und bis er ſein Gewehr zweimal ausgeſchoſſen, ſtürzt er ſchon von ihrem Bayonette getroffen dahin. Im Galopp rennen ſie ins Kanonenfeuer, kein Einziger bleibt zurück, nur der, den die Kugel fortfegt. Wie ein Felſen ſtellen ſie ſich dem ſchwerſten Reiterangriff entgegen und ſchlagen ihn zurück mit der Gewalt ihrer Bayonette, wie die Klippe das ſchäumende Meer. Zweimal iſt das Bataillon ſchon zuſammengeſchmolzen, jetzt iſt's neuerdings ergänzt worden, und die ſpäter Gekommenen ſcheinen den Heldenmuth ihrer Vorgänger mit deren rothen Kappen zu erben. Es gibt keinen Feigling unter ihnen, keinen Einzigen, der die Flucht ergriffen hätte; selbst wenn Einer von ihnen fällt, wirst Du ihn nicht wehschreien hören in den Augenblicken des Todes. Es wäre Schande für einen Rothkappler zu ächzen, wenn er stirbt. So ein Volk ist das.

— Warum erzählst Du uns dies? Vielleicht, damit wir sie fürchten?

— Ich hab' Euch's erzählt, damit wir sie umbringen.

— Ich fange an Dich zu verstehen.

— Wir werden sie morden, aber nicht auf dem Schlachtfelde. Wenn sie es gar nicht ahnen, in ihren süßen Träumen stürzen wir auf sie los; — nicht einmal den Ruhm sollen sie haben, daß sie in der Schlacht gefallen. Hier in dieser Stadt werden wir ihnen die sicilische Nacht bereiten. Ich bin ihr Spion und sie ahnen es gar nicht, daß ich sie spionire. Jetzt bin ich auch vorausgeeilt, um zu erfahren, ob der Ort hier leer ist. Ihr verstecket Euch in den Kirchen. Ich gehe zurück und berichte ihnen, daß ich keinen Feind gefunden. Sie werden hereinkommen, in den Häusern nur Weiber und Kinder finden, sie werden sich gut unterhalten. Nach dem Zechen werden sie schlafen gehen und nicht wieder erwachen.

—Der Plan ist gut. Aber hegt der Obrist keinen Verdacht gegen Dich?

—Der Verdacht ist nicht seine Natur. Einmal habe ich mich ja fast verrathen. Wir standen auf Vorposten, er kam hin zu unsern Wachtfeuern und trank mit uns Branntwein. Ein Seidel Rum, das glitt in einem Schluck hinunter, wie bei mir eben so viel Tresterwein, und es schien seine Kehle gar nicht rauh zu berühren. Wenn ich mich in Gedanken verliere, pflege ich zu pfeifen, es ist so meine Gewohnheit, und zu meinem Leidwesen habe ich gerade damals das berühmte Spottlied zu pfeifen begonnen, das in Agram so viele Gelegenheit zu Schlägereien bot. Hierauf gab mir der Obrist ohne alle Vorrede und Einleitung mit seiner schrecklichen Hand so eine Ohrfeige, daß ich all' die raizischen Heiligen, wie sie da im alten Kalender stehen, plötzlich am gestirnten Himmel sah. Zum Glücke faßte ich mich bald, und als ob ich gar nicht wüßte, wodurch ich zu dieser Auszeichnung gelangt sei, frug ich ihn, worin ich mich vergangen? Wisse es, Bursche — erwiderte er mit seiner donnernden Baßstimme — das, was du da gepfiffen, ist jenes illyrische

Spottlieb, um deſſenthalben ich mich dreimal duellirt. Dank für die Aufklärung, Herr Obriſt, und wenn Sie dieſelbe wieder einmal Einem geben, können Sie noch hinzuſetzen: und deſſenthalben ich einem Menſchen mit Einem Schlage drei Zähne ausgeſchlagen. — Meine Backe ſchwoll auf, daß ich Tags drauf um einen halben Kopf höher war, als ſonſt, aber ich gebe ihm die Ohrfeige zurück! und davon wird er um einen ganzen Kopf kürzer werden.

—Ganz recht! ganz recht! brüllten die Serben, mit ihren langen Flinten auf die Erde ſtoßend.

—Jetzt noch ein Wort. Eure Weiber müſſen mit uns einverſtanden ſein. Wenn Alle ſchon zur Ruhe gegangen, müſſen ſie ſich zu den Schlafenden ſtehlen — oder beſſer, ſie bereiten ihnen eine reiche Mahlzeit und geben ihnen Alles, wornach es ihrem Auge gelüſtet — was murret Ihr? Wenn's Schande iſt, wird's Blut genug geben, in dem Ihr ſie abwaſchet. Und wenn ſie in ihren Armen entſchlummern, ſollen ſie ihnen die Waffen ſtehlen und den Verſteckten durch ein Zeichen hiervon Nachricht geben. Die Rache wird um ſo bitterer werden.

Die Serben ſchienen zu wanken.

Da trat Aniſia unter ſie, finſter zog ſie die großen

dunkeln Brauen zusammen, und mit wild blitzenden Augen blieb sie in ihrer Mitte stehen.

—Worüber denket Ihr nach? Sind Eure Weiber mehr werth, als ich zur Zeit war, wo ich mich in Eure Gesellschaft warf? Glüht die Schamröthe deutlicher auf Euren Wangen, als auf den meinigen? Und bleibt dort Raum für die Scham, wo nur die Rache, die Wuth der Ausrottung hausen darf? Sehet, ich frage nicht, wozu macht mich die Umarmung, die ich von dem Feinde meines Stammes empfange? ich denke nur daran, daß diese Umarmung sein Tod sein wird. Und wenn man nicht leben kann nach der Schande, so mordet auch uns mit Jenen zugleich, aber die Thräne des verzärtelten Weiberauges kaufe das Blut nicht los, welches dem Tode geweiht.

Gutheißendes Gebrülle beantwortete die Frage des Mädchens. Ihr Bruder trat zu ihr und ergriff ihre Hand.

—Anisia! Die Tage des Ruhmes sind nicht weit. Dein wird dereinst sein größter Glanz sein, Dein ist das größte für ihn gebrachte Opfer. Zu Dir bringe ich die Besten des Heeres, Helden, die aus siebzehn Schlachten siegreich heimgekehrt. Versprich mir's, daß Du Rache nimmst an ihnen.

— Ich versprech' es Dir.

— Versprich mir's, daß Du Dich keines Einzigen erbarmen, daß Du ihn nicht bemitleiden wirst, selbst wenn er schön und Dir gut wäre, wie der Heilige am Altare.

—Ich versprech' es Dir.

—Schwör' mir's. Ihr entblößet Eure Handschare, kreuzet sie, auf dies Kreuz da schwöre, daß Du ihnen nicht gnaden wirst, ihnen das Nahen ihres Todes nicht verräthst, sie einschlafen lässest und ihre Waffen verbirgst..... Schwöre mir's.

— Traust Du mir am wenigsten, daß Du mich schwören lässest?

—Bei Dir will ich am sichersten sein. Sieh', des Weibes Herz ist schwach; wenn es ihn dort vor sich schlafen sieht, den blassen Jüngling, der sein Unglück nicht ahnet, wird in ihm leicht ein sanfteres Gefühl rege und fühlt es Mitleid um ihn. Auch Du bist Weib. Schwöre mir.

Funkelnden Auges riß Anisia mit ihrer linken Hand den blanken Dolch aus dem rothen Gürtel, ihre Wangen färbten die Flammen des beleidigten Stolzes, hoch hob sie die tückische Mordwaffe, während sie ihre rechte

Hand auf das Kreuz legte, das die scharfen Messer formten.

— Ich schwöre, so tönte ihre Stimme, daß der, den der Schlaf vor mir erreicht, von diesem Messer gemordet wird.

Mit finsterem Lächeln sagte Prokop zu ihr:

— Vergiß Deines Schwures nicht; wenn's Nacht sein wird, werde ich die Gassen entlang gehen und meine Tambura unter den Fenstern klingen lassen. Wehe dem serbischen Weibe, das diese Töne nicht wach finden, oder wenn es diese hört und die Waffen ihres Feindes nicht verbirgt. Ihr aber werdet auf den ersten Glockenton aus den Kirchen stürzen. Jeder geht dann in sein Haus und mordet, was er dort findet. Dann zog er seine getrockneten Kleider wieder an und entfernte sich in der bleischweren regnerischen Nacht.

Eine Stunde später waren nur Weiber und Kinder in den Häusern.

Wenn aber Einer an der geschlossenen Kirche vorbeiging, schlug ein Tosen an sein Ohr, ähnlich dem Gesumme eines unruhigen Bienenstockes, oder dem geheimnißvollen Brummen der Seeschnecken. Dort waren die Männer in Waffen.

*   *

Tags drauf um Mittag zog das magyarische Heer mit schallender Musik in Jarovacz ein. Die Krieger, welche alle Plagen eines Winterfeldzuges ausgestanden hatten, freuten sich endlich einmal unter Dach zu kommen und nach so vielen Entbehrungen aus schöner Weiber Küchen zu schmausen.

Sorgenlos streckten sie sich in ihren Quartieren auf ihre Lager hin, die bequemer waren, als jene, welche das Feld der zu Schollen gefrorenen Stoppeln bot. Das Stroh ist ihnen der verschwenderischste Luxusartikel, so daß einst Damjanics nach einem glänzenden Siege als Kampfeslohn mit folgenden rühmenden Worten seine Soldaten erfreute:

—Kinder! heut' verdient Ihr, daß Ihr frisches Stroh bekommt!

Die raizischen Weiber reichten ihnen mit zuvorkommenden Mienen Speise und Trank, und wenn das Auge des Soldaten auch auf etwas Anderes lüstern wurde, waren sie auch darin nicht geizig. Sie

dachten, warum sollten die nicht in ihrem Leben hier=
mit zum letzten Male guter Dinge sein.

Vor der Wohnung der Anisia blieb ein Lieutenant
der Rothkappler mit fünf Gemeinen stehen. Prokop
führte sie hin und verlor sich dann wieder unter den
andern Kriegern.

Der Honvedlieutenant war ein schöner, hoher,
blonder Jüngling; um seine hohen breiten Schultern,
seinen schlanken Oberleib saß festgeknöpft die roth=
geschnürte Mente; seinem sonnegebräunten Gesichte
verlieh der aufgedrehte Schnurrbart und das spanische
Bärtlein ein kühnes ritterliches Aussehen. Sein
Haupt bedeckte eine kleine rothe Kappe, schief gesetzt.

Ohne viel zu fragen, faßte die Mannschaft Posi=
tion um das in der Küche lohende Feuer, während
der Lieutenant an der Thüre des gegenüber gelegenen
Zimmers anklopfte.

Anisia öffnete, der Lieutenant trat ein.

Als sie einander erblickten, rief Eins den Namen
des Andern, und des Jünglings Stimme bebte vor
Freude, aber die Stimme des Mädchens vor Schrecken.

—Anisia! —Nestor!

Der Jüngling erfaßte mit Gluth die Hand des
Mädchens: Du bist da, meine süße, süße Anisia!

Du mein nie rastender Stern, den ich seit zwei Jahren nicht gesehen.

Das Mädchen bebte wie eine Luftspiegelung, und erbleichend sprach sie:

— Bist Du auch Kossuth's Soldat?

— Nicht Kossuth's, mein Leben, des Landes und der Deinige. Und hierauf umarmte er das Mädchen, drückte es an seine Brust und küßte es, wie er's vor zwei Jahren pflegte.

Das Mädchen bebte wie eine Luftspiegelung. Sie wagte nicht zum Jünglinge zu sprechen: Geh' hin, küss' mich nicht, ich bin Dein Liebchen nicht mehr. Geh' hin, küss' mich nicht, ich bin jenes schmachtende, seufzende Mädchen nicht mehr. Geh' hin, küss' mich nicht, ich bin Dein Tod.

Heimlich verfluchte sie ihre einstige Liebe — bald wieder den Schwur, den sie verflossene Nacht geleistet, und bald den Zufall, der ihre Liebe und ihre Rache in Einem Hause zusammenführte.

Sie wäre so gerne geflohen, sie hätte sich so gerne gerettet vor ihrem Entsetzen, aber der liebende Jüngling ließ sie nicht los, und das Andenken der vergangenen Seligkeit gab ihm ein Recht auf neue Wonnen.

Sie hätte ihm so gerne gesagt: Rette Dich! aber ihr Schauer machte sie stumm.

Wenn sie spricht, mordet sie ihre Freunde, wenn sie schweigt, ihre erste Liebe.

Verfluchtes Blut wird ihre Hand beflecken, was immer sie thut.

Und es fiel ihr die wüthende Davoria ein, deren Refrain immer „Blut" ist, ... sie zitterte; — wilde Flammen der Verzweiflung schlugen über ihr zusammen, und während die Küsse des Geliebten Busen und Wangen überflutheten, that ihr innen das Herz so wehe, bebte es so heftig!

Der Jüngling zog sie liebeglühend in seinen Schooß, seine nervigen Arme schlang er um ihren Nacken.... Draußen klangen die Töne der Tambura unter den Fenstern, sie klangen verhallend von Haus zu Haus die Gasse entlang und erinnerten die serbischen Weiber, daß der Ausrottung blutige Stunde nahe.

* * *

Schlafet nicht!

Die lange Winternacht mit ihrem sternelosen Himmel hat sich niedergelassen, sie wird ewige Nacht für

Jene, die da schlafen. Schon ist die Waffe gezückt, welche ihren Schlaf mit dem Tode vermählen soll.

Der Honved schläft neben seinem Gewehre, neben seinem Rosse der Husar, aber meuchlerische Hände stopfen Erde in die Flinte und zäumen die Rosse ab.

So werden sie diese vielleicht nicht benutzen können.

Am Busen des Liebchens schläft auch Nestor den süßen Schlaf der Liebe. Seine Arme halten das schöne Mädchen umschlungen. Dies aber ist wach und betrachtet starr das Antlitz des schlummernden Jünglings, der sein Mißgeschick nicht ahnet.

Und das zweite Mal klingen die Unheil verkün=
denden Töne der Guszlicza die Gassen entlang und tönen am wehmüthigsten unter dem Fenster des Mäd=
chens. Zweimal wollte sie sich den Armen des Jüng=
lings entwinden, aber ihre Bewegung weckte ihn nur, der sie noch schlafend umarmt hielt und nach der Stö=
rung sie nur fester an seine Brust schloß.

Und zum dritten Male klingen die Töne der Tam=
bura die Gassen entlang unter den Fenstern.....
Jeder einzelne Ton durchschwirrte, wie ein Gespenst, das Herz des Mädchens und machte ihr Vorwürfe,

daß sie die im Hause Schlafenden noch nicht entwaffnet.

Und der junge Held neigte sein Haupt so ruhig
auf die Brust des Mädchens, als ob in dieser Brust
auch jetzt noch bloß die Engel der Wonne wohneten.
Er ahnte nicht, daß unter seinem Haupte, in dem zö-
gernd pochenden Herzen eine ganze Legion blutgemä-
steter Dämonen des Hasses verborgen sei.

Das Mädchen blickte mit stummem Entsetzen auf
des Schlafenden Antlitz.

Es war dies so zärtlich, so lächelnd, so sanft!

Wäre ein Zug von wilder Racheluft darin gewesen, sie hätte ihn morden lassen; aber mit dem Gedanken, daß er in einigen Augenblicken an ihrer Brust er-
mordet werden würde, ihn so lächelnd, so selig zu sehen — das vermochte sie nicht.

Der Jüngling lispelte im Traume einzelne Worte.

— Anisia! — Geliebte....

Wäre seinen Lippen ein Laut entschwebt, der von
Schlacht oder Ruhm gesprochen, der verrathen hätte,
daß er jetzt vom Kampfe träume und im Blute seines
Stammes wate, sie hätte ihm vielleicht selber den
Dolch in die Brust gestoßen, aber der Jüngling sprach

in seinem Traume von nichts, als von seiner Liebe, seinem Liebchen.

Der Magyare ist nur in der Schlacht Soldat. Zu Hause ist er bescheidener, arbeitsamer Bürger, bei seinem Schreibtische gemüthvoller Dichter, bei seinem Liebchen heißherziger Liebhaber, am Weintische lustiger Geselle, nur im Schlachtfelde ist er Held, nur da ist er Löwe, in den Armen seines Liebchens denkt er nicht an seine Schlachten, dafür auch in der Schlacht ans Liebchen nicht.

Schon nahete die der Blutopferung geweihete Stunde, das dritte Mal schon hatte die Guszlicza die Gassen entlang geklungen, das Mädchen zog verzweifelnd den Dolch aus ihrem Gewande und dachte nach, ob sie ihn nicht sich selbst ins Herz stoßen solle.

Soll sie den Mann verrathen, der sie so sehr liebt, oder soll sie ihre Verwandten verrathen, die sie so sehr liebt?

Diesen hat sie Rache geschworen, Jenem Liebe.

Wenn sie ihn rettet, gehen sie zu Grunde, wenn sie siegen, muß er sterben.

Plötzlich ertönte das mitternächtliche Glockengeläute.

Schlafet nicht!

Einen Augenblick später entstand ein furchtbarer Lärm, mit wildem Gebrülle stürzte sich das wüthende blutdürstige Volk auf die tief schlafenden Häuser. Die Thüren waren offen.

—Flieh'! rette Dich! schrie das Mädchen, ihren Geliebten aus dem Schlafe aufrüttelnd, und san halb wahnsinnig ins Knie, indem sie die Waffe des Jünglings, welche sie soeben verbergen wollte, aus der Hand fallen ließ.

Der springt auf, sein Schwert ist das Erste, was er ergreift, das Zweite: die rothe Kappe.

Von Küssen hat er geträumt und erwacht zu Schwertergeklirre.

—Flieh' von hier! schrie das Mädchen, sich vom Boden erhebend; — ihr langes aufgelöstes Haar streifte die Erde, ihr weißes Nachtgewand verbarg schlecht die Reize ihrer Gestalt... Du bist verrathen, flieh' von hier!

—Zu spät!

Die Thüre wird erbrochen. Von rothem Fackel=glanze grell beleuchtete, wilde Gesichter erscheinen, Schwerter, Handschare blitzen.

—Rührt ihn nicht an, schrie das Mädchen, mit wahnsinniger Gewalt sich zwischen die Waffen der

Eingedrungenen werfend, und umschlang flehend den Wüthendsten derselben: ihren Bruder Prokop.

—Verdirb, elende Meineidige! schrie dieser und schleuderte das Mädchen von sich, daß sie taumelnd zu den Füßen des Jünglings stürzte. Verdirb! Alle serbischen Weiber haben ihre Pflicht gethan, nur Du hast uns verrathen, die geschworen hat.

—Ich lass' ihn nicht morden, schrie das Mädchen, den Jüngling mit ihrem Leibe deckend — ich war wahnsinnig, als ich Euch gelobte, und bin wahnsinnig jetzt, wo ich Euch widerstehe. Ihr werdet ihn nicht morden, denn ich liebe ihn.

—Elende! Du willst ihn lieben? nachdem Du des letzten Serben Metze warst? Verhülle Dein Antlitz und hebe Dich fort.

—Nur über meinen Leichnam erreicht Ihr ihn — sagte das Mädchen — und wie sie dort kniete, streckte sie ihre beiden Arme schützend dem angreifenden Haufen entgegen.

Einen Augenblick lang betäubte den Jüngling der Andrang seiner Gefühle. Das Mädchen, das er so sehr liebte, niedriges Werkzeug seiner Todfeinde! Die Welt verfinsterte sich ihm vor diesem Gedanken.

—Kommt heran, Meuchelmörder! schrie er wuth-entbrannt, es steht Euch nichts im Wege, — er stieß das Schwert bis ans Heft in die Brust des Mädchens, dann schwenkte er's über seinem Haupte, daß die Blutstropfen auf die Gesichter der Serben fielen. Jetzt Blutstropfen, brennende Wunden nach einigen Minuten. Die Rache des Jünglings stürmte mit Löwenwuth unter seine Feinde, und schon lagen zwei gestorben vor seinen Füßen, er aber hatte noch keine Wunde bekommen.

Da erschallte draußen ein lautes Eljengeschrei. Neue Kämpfer stießen zu dem Fechtenden; die fünf Gemeinen waren es, die im äußersten Negligé zwar, aber doch die rothe Kappe auf dem Haupte, ihren Lieutenant zu befreien kamen. Furchtbare Streiche mit ihren Flintenkolben austheilend, brachen sie sich durch die Serben Bahn zu ihrem Lieutenant, reihten sich dann um ihn, fällten das Gewehr und nach einem Augenblicke war kein Serbe mehr im Zimmer.

In den Straßen wirbelte schon die Lärmtrommel.

Die auf den Lärm erwachte Mannschaft ergriff ihr Gewehr und nackt, wie sie geschlafen hatte, stürzte sie auf die Gasse.

Die Husaren warfen sich auf ihre ungesattelten Pferde. Die sich Sammelnden bildeten sogleich Schlachtsäulen und stürmten mit gefälltem Bayonette die Straßen entlang, überall durch neue Ankömmlinge erstarkend.

Kein Schuß fiel von ihrer Seite, nur das Bayonett arbeitete.

Wie ein unwiderstehlicher Sturmwind raste das Rothkappler-Heer die kampferfüllten Straßen entlang, vor ihm zerschmolz die Zahl des Feindes, hinter ihm hörte die Schlacht auf; an seiner Spitze focht der blonde junge Lieutenant, mit blutdürstenden Worten anfeuernd seine Kampfgefährten, nicht weniger muthig als er.

Die Barrikaden der Serben wurden genommen, die Widerstehenden niedergemacht und auf die Kirchen der rothe Hahn geschleudert.

In der furchtbaren Nacht wüthete gräßlich die Schlacht beim blutrothen Glanze der brennenden Stadt.

Die Raizen hatten ihre Kraft planmäßig vertheilt und waren daher Anfangs Herrn des Kampfplatzes, bald aber hatten sich die Kolonnen der Magyaren gesammelt und sie vergalten in fürchterlicher Münze.

Am Morgen standen die magyarischen Krieger alle auf dem Felde außerhalb der Stadt beisammen, in Reih' und Glied.

Auch die Raizen waren beisammen in der Stadt, aber todt und zerstreut in Gassen und Höfen.

Mit ungeheurem Rauch brannte die Stadt über den Todten.

Auf sein Schwert gestützt, blickte Nestor traurig in die röthlichen Flammen. Ihr fragt ihn vergebens, er antwortet nicht.

So wie er aus dem Bette auf sein Roß sich geschwungen, in Hemb und Gatye, kam der Obrist Revue zu halten über sein Heer nach der verrätherischen Schlacht.

Auch das Heer war größtentheils in ähnlichem Costume, aber Alle merkten erst jetzt, daß ihre Flinten mit Erde verstopft waren. Der Magyare pflegt in der Schlacht nicht viel zu schießen.

Als der Obrist an der Fahne des neunten Bataillons, der Fahne der Rothkappler, vorbeikam, nahm er ohne viel zu reden seine Kappe ab, was später selbst die Diplomaten nicht Anstand genommen ihm abzulernen.

Als er den Lieutenant erblickte, der nach seinem heldenhaften Kampfe so kummervoll und niedergeschlagen dastand, fragte er herzlich: Haft Du eine Wunde bekommen, mein guter Sohn, daß Du so blaß siehst?

—Ja, eine Wunde! — erwiderte dieser und preßte die Hand auf's Herz.

—Bring' Deine Wunde her, ich verbinde sie, daß sie heilt, sprach der Obrist und schmückte die Brust des Jünglings mit dem Ehrenzeichen der Tapferkeit, einem rothen Band mit silbernem Kranze.

Was könnte auf die Wunde der Liebe Balsam gießen, wenn nicht der Ruhm?

Dieser heilte auch die Wunde des Jünglings, nach und nach vernarbte sie; aber am besten heilte sie doch der Tod.

Er fiel bei Szöny.

Kein Wort, kein Laut kam von seinen Lippen, aber desto mehr Blut von seinen vier Wunden. Auf dem ruhmvollen Schlachtfelde hauchte er seine Seele aus ohne einen Seufzer des rasenden Schmerzes.

Es wäre Schande gewesen für einen Rothkappler zu ächzen, wenn er stirbt.

Die Familie Bárdy.

Mein theures, schönes Vaterland!
Mein theures, schönes Paradies!
Zu was wurdest du! Was ist aus dir geworden!
Ich hätte dich einst nicht so herrlich sehen sollen, oder sollte dich jetzt nicht so verwüstet sehen.
Ich sollte dich jetzt nicht so verwüstet sehen oder hoffen können, daß du dereinst wieder auferblühest.
Mein theures, schönes Vaterland!
Mein theures, schönes Paradies!

* * *

Es zittert die Feder in meiner Hand, meinem Herzen bangt's, ich möchte weinen.
Ihr auch, die Ihr diese Zeilen leset, Ihr auch werdet weinen, wie ich geweint, als ich sie schrieb.
Ihr werdet glücklich sein, wenn Ihr glauben werdet, daß all' dies Bittere nicht geschehen, daß es nur das

Hirnerzeugniß eines Dichters ist, der die Schreckgestalten seiner fieberhaften Träume in mißlaunigen Stunden niederzuschreiben pflegt.

Ich wollt', ich könnte es selber glauben, daß dies Alles nur Phantasie ist, daß jene Erinnerung, die mir im Wachsein blutige Gestalten zeigt, nur die Nachahmung eines schweren Krankentraumes ist.

Ich wollt', ich könnte es glauben, daß so vieles Unglück, so vieles Leiden nur die gemarterte Schöpfung meiner geisteskranken Seele ist, und diese blutigen, qualvollen Gestalten alle bloß auf's Papier hingemalte leblose Ideale aus dem Bereiche der Dichterwelt sind.

Ich wollt', ich hätte die Orte nicht gesehen, von denen ich erzählen werde, und hätte ihre Bewohner nie gekannt.

O könnte ich's doch sagen: Glaubet es nicht, entsetzt Euch nicht davor, das Alles ist ja nur Traum, wir erwachen und sehen keine Spur von ihm.

* * *

Wir befinden uns tief in den Schneegebirgen Siebenbürgens.

Herrliche Gegend! Von der Bergesspitze kann

man bei heiterem Wetter hineinblicken nach Ungarn ganz bis zur Rezalja. Die verbundenen Berge, über einander steigend, sind alle mit dichter Waldung bewachsen, die eben jetzt beginnt, sich in des Frühlings helles Grün zu kleiden. Gen Sonnenuntergang verschmelzen die fernern Gipfel in einen undeutlichen lilafarbenen Nebel, bloß ihre Ränder bleiben durch eine sanfte Goldfarbe markirt.

Fern auf einer entwaldeten Bergseite blickt weiß ein Kastell in die Gegend hinab. Es ist dies in die Perspective der herrlichsten Aussicht gebaut, vor ihm ragt ein hoher Fels empor, auf dessen Gipfel das weithin sichtbare einfache Kreuz prangt. Unten in der Tiefe des Thales ist ein kleines zerstreutes Dorf sichtbar, dessen Abendgeläute wundersüß durch die schweigende Natur hinklingt.

Noch weiter hin in der Gegend des Waldes erscheint das zersetzte Dach eines Hauses; das wiederhallende Geklopfe und der schmutzig gelbe Bach, welcher aus dem Hause kommend neben demselben hinfließt, lassen die Pochmühle errathen.

Wieder weiter hin aus der Flanke des aussichtslosen Waldes störet gepaarter Hammerschlag die Stille, und der durch die melancholische Nacht weithin rothstrahlende Glanz der Glühe bezeichnet deutlich die Eisenhütte.

Unten durch die Wiesen des Thales schlängelt sich silbernen Schaum werfend ein Fluß dahin, der bei jedem hundertsten Schritte einen Wasserfall bildet; und wo er beim Schmelzen des Schnees anzuwachsen pflegt, dort bedeckt er den Platz mit mächtigen Felsstücken, die er dem Gebirge entführt.

Aus dem kleinen Thaldorfe hinauf zum Kastell führt eine in die Seite des Berges gehauene Serpentine, während weiterhin auf der sattelähnlichen Beugung des Berges ein regengegrabener, zerrissener Weg in eine ferner gelegene Ortschaft führt.

Das Kastell selbst ist eine geschmackvoll gebaute Herrschaftswohnung mit grünen Jalousien. Seine nächste Umgegend ist mit riesenhaften alten Kastanienbäumen bepflanzt, in seinem Hofe erschlossen sich frühe Hiazynthen und Anemonen in launenhaft gestalteten, mit Seegras gesäumten Blumenbeeten, und durch die der Frühlingsluft geöffneten Fenster blickt manchmal ein heiteres Kindergesicht, während im Hofe hie und da ein beschnürter Diener schlendert oder sich an den Thürpfosten lehnt, je nachdem es sein Amt mit sich bringt.

Ein dichter eiserner Gitterzaun umgibt das Kastell von allen Seiten, und an den Steinsäulen des erstern ranken sich die Winden Gobea und Ipomoea empor mit ihren immergrünen Blättern . . . . . .

Im Anfange des Frühlings 1848 war die Zahl der im Speisesaale des Kastells am Tische Sitzenden dreizehn.

Alle waren sie Glieder Einer Familie, Alle Träger des Namens Bárdy.

Obenan saß ein altes abgelebtes Weib, Gattin des Anton von Bárdy, schon über die Achtzig, mit ganz grauen, sonderbar gekämmten Haaren und weißer Haube. In ihrem Gesichte ist keine Spur mehr von Leben; es ist dies ein leichenblasses, runzelvolles Gesicht mit tiefeingefallenen Augen, die Gestalt schon gänzlich verkommen; ihr Auge ist immer nach oben gewendet, wo sie auch hinsieht, wie es bei Jenen der Fall zu sein pflegt, die nichts mehr sehen; ihre Hand zittert, ihre Stimme noch mehr, und es ist etwas eigenthümlich Ergreifendes an ihren großen, dichten, schneeweißen Brauen.

Ihr zur Rechten sitzt ihr ältester Sohn, Thomas Bárdy, ein Mann zwischen fünfzig und sechzig. Ein stolzes, ausdrucksvolles Gesicht, mit ewig gefalteter

Stirne; sein Haar ist auch jetzt noch dicht und grauet kaum, sein Bart ist lang und schwarz, seine Augen sind durchbringenden, harten Blickes, seine Gestalt hoch, grab, fast trotzig: ein lebender Typus der schon auszusterben beginnenden Exemplare eines Uraristokraten.

Ihm gegenüber sitzt der Liebling der Familie, Jolánka, ein sanftes, engelschönes, fünfzehnjähriges Mädchen. Ihre großen blauen Augen werden von seidenen Liedern in Schatten gehalten, ihr Gesicht ist rein, durchsichtig-weiß; nur wenn sie lächelt, röthet es ein sanfter Rosenhauch; ihr Haar ist dicht, aber fein, wie Seide, und fast silberblond, wie Marienhaar.*) Das kleine Mädchen ist eigentlich nicht Sprößling dieser Familie, sie ist bloß das Waisenkind eines sehr entfernt Verwandten, aber die Familie Bárdy nahm sie an Kindes Statt an, weil sie auch eine Bárdy ist und man sie aus diesem Grunde doch nicht Noth leiden lassen darf. Eben deshalb, weil durch die Begünstigungen, welche sie erhielt,

---

*) Vulgo: Marienflachs. Der viel poetischere Magyare nennt diese Blume: Waisenmädchen-Haar. Welch schönes Bild durch diese Benennung hier der magyarische Dichter gewinnt, brauche ich dem Leser wohl nicht erst anzudeuten.
D. Uebers.

kein einziges Glied der Familie sich beeinträchtigt fühlen konnte, im Gegentheil jedes dieselben als dem elternlosen Kinde schuldigen Tribut betrachtete, wurde sie der Liebling der Familie.

Unter den übrigen Mitgliedern der Familie waren noch zwei Frauen, die Wittwe Catalin, Tochter des Familienhauptes, die seit Jahren nur schwarze Gewänder trug, und ein junges Weibchen, des jüngsten Sohnes Gattin, an deren Seite in einem kleinen Armsessel ein lallendes Kindlein saß, welches mit einem Silberlöffel, den es im kleinen fetten Händchen hielt, herumarbeitete und quitschte. Es lernte jetzt reden und essen, die Familie war vollauf beschäftigt, um zu errathen, was es spricht und was es am liebsten ißt.

Weiterhin saßen zwei Männer neben einander. Der eine ist Josef, der Gatte der jungen Mutter, ein Mann mit schönem, regelmäßigem Gesichte und schwarzem Schnurrbarte; um seine Lippen spielt ein ewiges Lächeln der Glückseligkeit, und mit kleinen Brodkügelchen wirft er bald sein kleines Söhnlein, bald sein zärtlich Weibchen.

Jener stämmige, breitschulterige Mann dort mit dem blatternarbigen Gesichte ist sein Bruder Barnabás, ein düsterer, schweigsamer Mann von weitberühmter Stärke; seine gewaltigen Hände läßt er auf dem Tische ruhen. Sein langes Haar pflegt er rückwärts zu kämmen nach Bauernart. Wegen der Blatternarben trägt er weder Backen- noch Schnurrbart. Seine Schultern sind herkulesmäßig. Uebrigens wird an ihm jeden Augenblick das Streben sichtbar, sein zurückstoßendes Aeußere durch zuvorkommende Güte vergessen zu machen.

Neben ihm sitzt ein armes, kleines, verkrüppeltes Kind. In seinem bleichen, mißgestalteten Gesichte ist jene leidende Sanftmuth heimisch, die Auswüchsigen gewöhnlich eigen ist. Seine spärlichen Haare, Knochenhände und schiefgewachsenen Schultern erwecken Mitleid bei seinem Anblicke. Das ist des greisen Weibes verwaister Enkel, dem Vater und Mutter schon vor Jahren gestorben.

Jenseits sitzen zwei gleichgekleidete Kinder neben einander; sie sind höchstens fünf Jahre alt und einander so ähnlich, daß man sie unaufhörlich mit einander verwechselt. Das sind Zwillinge, Kinder des jungen Weibes und ihres Gatten.

Am jenseitigen Ende des Tisches sitzt ein zwanzigjähriger Jüngling: Imre Bárdy. Ein schönes, lebensfrisches Gesicht, wohlgestaltig entfalteter Körperbau, Erziehung bekundendes, angenehmes Betragen, flaumiger Schnurr= und Backenbart, in natürliche Locken sich kräuselndes schwarzes Haar. Das ist der einzige Sohn des obenan sitzenden Majoresco mit dem Aristokraten=Gesichte.

Neben ihm endlich sitzt ein alter Mann. Er hat weißes Haar und ein von Weinknösplein strotzendes hochrothes Gesicht. Er ist nächster Verwandter des Familienhauptes und ergrauete daselbst mit diesem zugleich: Simon Bárdy. In all' den Bárdy=Gesichtern ist eine Familieneigenthümlichkeit bemerkbar, dies ist die hohe Stirne und jene großen, dunkeln, vielsagenden, blauen Augen unter den dichten, starken Brauen.

* * *

Dreizehn saßen sie am Tische.

— Wie sonderbar! sprach ein Glied der Familie — jetzt sitzen wir dreizehn am Tische.

Den kleinen Säugling hatte man damals das erste Mal mit in die Reihe gesetzt.

— Einer von uns wird sterben, erwiderte das greise Familienhaupt mit zitternder, müder Stimme, die den Ausdruck ernster, sehr ernster Ueberzeugung an sich hatte.

O wir sind nicht so viel, sagte lieblich das junge Weib, — wir sind nur dreizehnthalb; dieser Kleine da wird Einem selbst auf der Eisenbahn nur als halbes Menschlein angerechnet. Und hiermit nahm sie das Kindchen in ihre Arme.

Ueber den Einfall begannen Mehrere zu lachen. Des Weibchens Gatte lachte, daß ihm die Thränen in die Augen kamen, auch die kleinen Zwillinge lachten, und auf dem Antlitze des kleinen silberblonden Mädchens erstrahlte der Sonnenglanz eines Lächelns; der herkulesmäßige Mann lachte aus voller Kehle, der Jüngling am äußersten Ende des Tisches belächelte den Aberglauben. Selbst auf dem Gesichte des kleinen Krüppels erschien ein verspätetes, welkes Schmunzeln....

Wenn Jemand dazumal ihnen gesagt hätte:

Jetzt sitzt Ihr dreizehn am Tische. — Es ist Frühling, die Bäume beginnen zu grünen. — Wann von diesen Bäumen das letzte Laub abfallen wird, wird von diesen Dreizehn kein Einziger mehr am Leben sein.

Wenn dies dazumal Jemand gesagt hätte....

* * *

Es beginnt das Laub von den Bäumen zu fallen.

In einem Saale des Bardy-Kastells sehen wir den hohen Mann mit dem Aristokraten-Gesichte und seinen Sohn, den zwanzigjährigen Jüngling.

Der Vater mißt mit heftigen Schritten das Zimmer, der Jüngling steht am Fenster; er trägt Soldatenuniform: grauen Dolman mit rothen Schnüren. Seinen rothen Csako mit der tricoloren Kokarde hält er in der Hand, an seiner Seite hängt ein glänzendes Stahlschwert. Das war die Uniform der Mátyás-Husaren.

Der Jüngling kam von seinem Vater Abschied nehmen, bevor er in die Schlacht ginge. Gegen seines Vaters Willen hat er sich in Klausenburg bei der freiwilligen Reiterschaar eingestellt. Der Vater geht aufgeregt im Zimmer auf und ab.

— Geh' — je früher, desto besser — daß ich Dich nicht sehe, sprach er in abgebrochenen Sätzen zu seinem Sohne. — Glaub' nicht, daß der Zorn aus mir spricht, — ich fürchte mich vor Dir, — ich blicke mit Grauen auf Dich; — ich verliere meinen Verstand, wenn ich an Dich denke. — Du bist mein einziger Sohn, Du kannst wissen, wie sehr ich auf Dich hoffte, kannst

wissen, wie sehr ich Dich geliebt. Aber wenn Du
Thränen in meinem Auge siehst, das nie geweint, so
glaube nicht, daß sie Deinetwegen fließen. — Wenn
ich wüßte, daß der härteste, mich treffende Streich des
Geschickes der sein wird, daß Du verblutest, würde
ich mein Haupt in Demuth neigen und sagen: Der
Herr hat's gegeben, der Herr hat's genommen, ge-
priesen sei sein heiliger Name! Wenn ich wüßte, daß
Du und Deine wahnwitzigen Gefährten in einer wü-
thenden Schlacht alle niedergemetzelt würdet, würde
ich hinabbrücken die Thräne, die das Feuer meiner
Augen zu löschen kommt; aber Euer Blut wird Fluch
sein für die Erde, auf die es fließt, und Euer Tod
wird zweier Lande Tod sein. —

— Sie werden sterben und neu geboren werden.

— Das ist nicht wahr! Ihr täuschet Euch damit, daß Ihr Neues zu bauen meint, wenn Ihr
das Alte niederreißet! — Wer hieß Euch mit dem
Geschicke des Vaterlandes Gott versuchen? Wer
hieß Euch Alles wegwerfen, was ist, in Hoffnung auf das, was sein wird? Haben so viel recht-
schaffene Männer Jahrhunderte hindurch vergebens
für die morschgewordene Verfassung gekämpft? Oder
waren sie keine guten Patrioten, oder waren sie keine

tapfern, heldenmüthigen Männer? Oder lieben Deine Gefährten darum, weil sie den bekümmerten Patrioten auf dem Landtage niederzischen, mehr das Vaterland, als wir, die wir von Geschlecht zu Geschlecht Gut und Blut ihm geopfert, ja selbst die Schande duldeten, damit wir es nur am Leben erhielten? Das Leben der Nation welkte unter unsern Händen, aber es war denn doch ein Leben; Ihr verheißet ihm Ruhm, aber dieser Ruhm heißt: Tod.

— Möglich, daß wir, was uns betrifft, das Vaterland verlieren, dafür aber geben wir einem Volke von zehn Millionen, das bis jetzt unser Volk und auf dem Boden seiner Heimath doch immer fremd war — ein Vaterland.

— Einbildung! Das Volk wird Euch nicht verstehen, und das kann auch nicht anders sein. Es begehrte nie, was Ihr ihm jetzt geben wollet. Ein dem Fleiße entsprechender Wohlstand ist's, was das Volk bedarf. Frage von meinen Unterthanen, welchen Du willst ob es Einen unter ihnen gibt, den ich hungern, dessen Familie ich hätte verderben lassen? ob ich ihnen nicht zur Zeit der Noth geholfen? ob ich ihnen je ungerecht begegnet bin? Du wirst sie keine einzige Klage erheben hören. Dann aber sage ihnen, daß ich doch ungerecht mit ihnen verfahre, weil ich sie nicht von ihrem Pfluge wegrufe, um sie zu fragen, was sie wohl in Hinsicht auf Verfassung, Gesetzgebung und Staatsverwaltung für eine Meinung haben? Sie werden Dich angaffen, aber deshalb ist es doch möglich, daß sie in mißverständiger Wuth in einer Nacht mein Haus überfallen und es mir über dem Kopf anzünden.

—Auch daran ist die Verkehrtheit der Zeit schuld. Daß das Volk die höhern Ideen nicht begreift, ist auch eine Folge der Gebrechen der Vergangenheit. Lasset das Volk nur einmal frei sein, lasset es Mensch sein, wie ein Anderer, und es wird das, was ihm heute noch fremder Gedanke ist, verstehen lernen.

— Aber die Freiheit wird hunderttausend Leben kosten.

— Ich läugne es nicht. Ich glaube sogar, daß weder ich noch die jetzige Generation die Früchte dieser Bewegung einsammeln wird, ich glaube, daß von Jenen, deren Namen jetzt die Welt nennt, in einigen Jahren vielleicht kein Einziger leben wird, und Diejenigen, die gestorben, wird kein weinendes Auge begleiten, kein Ruhm; aber es wird die Zeit kommen, die auf der durch sie geschaffenen Grundlage das große

Gebäude aufbauen und dem Namen Derjenigen, die sich geopfert für kommende Geschlechter, Gerechtigkeit widerfahren lassen wird. — Es ist schön, für's Vaterland zu sterben, aber zu morden für's Vaterland, mit dem Fluche Tausender beladen ins Grab zu sinken, verachtet, verflucht für das Heil kommender Millionen zu sterben: das ist großartig, ist messiasgleich.

— Mein Sohn! mein einziger Sohn! schrie weinend der Vater und sank gebrochen an den Hals des Jünglings und weinte und schluchzte, schwer und bitter. Siehst Du diese Thränen?

— Ich sehe sie, mein Vater, zum ersten Male sehe ich Dich weinen in meinem Leben; mein Herz erträgt kaum die Last dieser Thränen, und ich gehe doch fort. Du hast Ursache zu weinen, denn ich werde Dir keine Freude, keinen Ruhm mehr bringen, und doch gehe ich fort. Ein Gedanke, stärker als die Ruhmsucht, stärker als Vaterlandsliebe, durchleuchtet mich, und daß mein Glaube stark ist, beweist, daß ich Dich weinen sehe und doch fortgehe.

— Geh! — stammelte der Vater niedergeschmettert, gebrochen. Möglich, daß Du fällst, und ich sehe Dich nicht mehr, möglich, Du kommst zurück und findest das Stammhaus nicht mehr, nicht das Grab

mehr, in welchem Dein Vater ruht; aber wiſſe, daß
ich weder in meiner noch in Deiner Todesſtunde Dir
geflucht habe. Verlaſſe mich! Hiermit wendete er ſich
um und winkte ſeinem Sohne, daß er ſich entferne.

Lautlos verließ dieſer das Zimmer, und als er
hinausgetreten war, überflutheten dichte Thränen ſeine
Wangen, — er ließ ſie fließen voll bitteren Schmerzes, wo ihn Niemand ſah; aber als bei ſeinem erſten
Schritte ſein Degen erklirrte, trat auf ſein Antlitz
wieder die frühere froſtige Entſchloſſenheit zurück,
und in ſeinen Augen nahm eine flammende Röthe die
Stelle der Thränen ein.

Von da ging er zum Bruder ſeines Vaters Ab=
ſchied nehmen.

Er ſaß im Kreiſe ſeiner Familie. Seine Zwil=
lingsſöhne ſpielten am Boden zu ſeinen Füßen, er ſelber unterhielt ſich mit ſeinem kleinen Kinde; ſeine
Gattin ſpielte Verſteckens mit ihrem Säuglinge, wel=
cher laut auflachte, ſo oft ſeine Mutter hinter dem
Lehnſtuhle ſeines Vaters emporſchnellte.

Imre's Schwertgeklirre unterbrach ſie in ihrer
Familienunterhaltung. Die beiden kleinen Knaben
liefen zu ihm hin und bewunderten des Vetters Säbel
mit der glänzenden Quaſte, während der Säugling

zu weinen anfing, da er den Jüngling im Militair-
gewande nicht erkannte. Still, Büblein, stillte ihn
die Mutter, indem sie ihn aus des Vaters Armen
nahm, — Vetterlein geht in den Krieg und wird
Dir ein goldenes Reitpferd bringen.

Josef schüttelte männlich die Abschied nehmende
Hand des Jünglings und sprach: Geleite Dich Gott!
— und leise fügte er hinzu: Du bist der würdigste
Mann in unserer Familie! Du hast recht gethan.

Dann küßten sie ihn nach der Reihe, Alle wie sie
waren, und entließen ihn unter fröhlichem Gelärme.

Von da ging er zur Großmutter. Auf dem Wege
dahin begegnete er seinem andern Oheime, dem her-
kulesähnlichen Manne, der ihn lautlos umarmte und
hin und her küßte; dann lief er fort, ohne ein Wort,
ohne einen Laut zu äußern.

Das alte Weib saß in ihrem beräderten Lehnsessel, denn sie hatte längst das Gehen verlernt. Aufmerksam gemacht durch das Schwertgeklirre fragte sie,
wer da komme?

Das kleine silberblonde Mädchen saß neben ihr und
antwortete erröthend, mit pochendem Herzen: Imre.

Mit welcher Gluth, welch warmem Gefühle sprach
sie diesen Namen!

Das Mädchen fühlte, daß er ihr mehr sei als verwandt, eben weil er dies nur sehr entfernt war, und daß das Gefühl, welches sie von ihm träumen lehrte, mehr als schwesterliche Liebe sei.

Außer ihnen war noch die schwarzgekleidete Wittwe im Zimmer, und auch der kleine Krüppel saß auf einem Schemel zu Füßen seiner Großmutter.

— Was soll das Schwert an Deiner Seite, Imre? — fragte mit zitternder Stimme die Greisin. — Es sind schlimme Zeiten, schlimme Zeiten. Aber wenn Gott sie über uns will kommen lassen, wer kann da abwehren? —— In meinem Traume hab' ich wieder mit meinen Todten gesprochen. Es schien mir, als ob sie alle in Waffen vor mir erschienen wären und gewinkt hätten, daß ich ihnen folgen solle. — Ich bin bereit, ich lege mein Leben mit Dank in die Hände des Herrn nieder. Verflossene Nacht sah ich zweimal nach einander die Jahreszahl 1848 mit Flammenziffern am Himmel geschrieben. Wer weiß, was über uns hereinbricht. Es sind schlimme Zeiten, schlimme Zeiten. — Warum hast Du ein Schwert umgegürtet, Imre? Es wird Krieg geben, nicht wahr? Der Menschen sind zu viel geworden auf Erden? Sie haben sich mit einander nicht vertragen können, nicht wahr?

Imre neigte sich lautlos zur Hand der Greisin und küßte sie.

—Also Du gehst weg? Gott sei mit Dir auf Deinen Wegen! Wenn Du am Kreuze vorbeikommst, versäume nicht zum Herrn des Lebens und des Todes einen Seufzer emporzusenden; — sprach die greise Großmutter, und ihre dürre Hand auf das Haupt ihres Enkels legend, lispelte sie: Es segne Dich der Allmächtige!....

—Auch mein Gatte war so schön und jugendlich, als ich ihn verlor, — seufzte die in Trauer gekleidete Dame, als sie ihren Vetter umarmte: hab' Acht auf Dich!

Der kleine Krüppel umschlang schluchzend die Kniee seines Oheims und bat ihn mit weichlicher Stimme, daß er nicht lange wegbleiben möge, da er sich zu Hause fürchten werde.

Nun kam das Abschiednehmen an Jolánka.

Mit niedergeschlagenen Augen nahte sie dem Abschied nehmenden Jünglinge, der in seiner Uniform so schön, so stattlich war, und mit ihren kleinen weißen Händen steckte sie an seine linke Brust eine gestickte Kokarde, die fünffarbig war: blau, golden, roth, weiß, grün.

—Ich verstehe Dich! sagte überrascht und voll begeisterter Freude der Jüngling und drückte das geliebte Mädchen innig an seine Brust; — das sind Siebenbürgens Farben, vereint mit denen Ungarns. Ich werde Deinen Farben Ehre machen.

Das Mädchen ließ sich umarmen, und als sie sich endlich seinen Armen entwand, stammelte sie mit süßem Schmerze:

—Gedenke mein!

—Wenn ich aufhören werde Dein zu gedenken, dann werde ich todt sein.

Hiermit küßte er die Stirne des Mädchens, sagte seinen Verwandten noch ein Lebewohl, und seinen Csako fester setzend, entfernte er sich.

Sein Schwert klirrte die Treppen hinab.

Zu ebner Erde in einem kleinen Zimmer wohnte der alte Verwandte, auch bei dem sprach er ein, auch von dem nahm er Abschied. Der alte Simon eiferte ihn mit den Worten an: Na, mein Sohn, hau' nur viel Türken nieder.

—Wir werden nicht mit dem Türken zu thun haben, Oheim, antwortete lächelnd der Jüngling.

—Na, so hau' Franzosen, corrigirte sich der Mann des vorigen Jahrhunderts.

Unten im Thore erwartete ein Reitknecht mit zwei gesattelten Pferden den Jüngling.

—Ich bedarf Deiner nicht. Du kannst zu Hause bleiben, sagte Imre, nahm den Zaum des einen Pferdes, schwang sich in den Sattel, schnallte seinen Csako fest, gab dem Pferde die Sporen und sprengte davon.

Als er beim Kreuze anlangte, fiel ihm zwar nicht die Ermahnung seiner Großmutter ein, desto mehr aber das kleine blondlockige Mädchen. — Er blickte zurück. — Aus einem Fenster wehte ihm ein weißes Tuch nach.

—Du bist es, Wonne meiner Seele, die mir dort nachsieht, — seufzte für sich der junge Held, warf zwei Küsse mit der Hand zurück und sprengte dann kühn die Windungen des steilen, sich schlängelnden Weges hinab.

* * *

Es waren das damals sonderbare Zeiten.

Auf einmal begannen die Dörfer sich zu entvölkern, die Leute gingen fort, man wußte nicht wohin, die Häuser waren fast alle geschlossen, Abends ertönte kein Glockengeläute, kein Gesang der vom Felde heimkommenden Mädchen, nur ausgesperrte herrnlose Hunde trieben sich in den Gassen umher, auf denen schon Gras zu wachsen begann.

Imre Bárdy begegnete keiner Seele, als er durch die Gasse des kleinen Thaldörfchens ritt. Die Schornsteine rauchten nicht, durch die Fenster der Küchen leuchtete kein Feuer. Wer weiß, wo sich die Bevölkerung jetzt herumtreibt.

Es begann schon Abend zu werden, auf das Thal ließ sich ein leichter, durchsichtiger Nebel nieder. Imre wollte noch, ehe der Morgen graute, in Klausenburg sein und setzte deshalb seinen Weg auch in der Nacht fort.

Um Mitternacht kam der Mond hinter den Bergen hervor, das vergilbende Laub jetzt versilbernd. Im Mondlichte setzte der junge Held einsam seinen Weg fort zwischen Bergen und Felsen.

Alles war still, nur des Schlachtrosses eintöniger Trab klopfte den Felsenweg entlang. Der Hammer der Eisenhütten und die Walke der Pochmühlen schwiegen überall.

In Gedanken versunken saß Imre auf seinem Rosse, als das kluge Thier plötzlich stehen blieb und die Ohren spitzend den Kopf zurückzuhalten begann.

—Ei, ei, — ſprach zu ihm der Jüngling, — da gibt's noch keine Kanonen und haſt ſchon Furcht?

Das Pferd trabte weiter, aber es ſchüttelte immer unruhig den Kopf und ſchnaubte gar furchtſam.

An einer Stelle führt der Weg zwiſchen zwei eng neben einander ſich emporreckenden Felswänden hin, welche nach Art des Torbaer Felſenriſſes zwei aus einander geſpaltene Hälften eines Felſens zu ſein ſcheinen. Dieſſeits der Felſenwand durchſchneidet das Bett eines verſiegten Flüßchens den Weg; über daſselbe führt eine hölzerne Brücke aus ſchlecht und recht zuſammengefügten Pfoſten.

Als der Reiter zur Brücke kam, bäumte ſich ſein Roß und kehrte um mit ihm. Wie er es auch ſpornen mochte, das Roß wollte die Brücke nicht betreten, ſondern blieb immer ſcharrend und ſtampfend vor derſelben ſtehen.

Endlich ärgerlich geworden faßte der Cavalier mit ſeinen Knieen das zitternde Thier feſt in den Flanken und ſchlug mit dem Zügel ſeinen Nacken, worauf das Roß mit einem wilden Sprunge über die zweiklafterige Brücke ſetzte, drüben aber wieder umkehrte und zurück wollte.

In dem Augenblick, wo das Roß über die Brücke

gesprungen war, ertönte ein ungeschlachtes Gebrüll aus dem trocknen Flußbette unter der Brücke, worauf das Echo oder vielleicht ein ähnliches Geschrei aus der Felsenspalte antwortete, und unter der Brücke hervor sprangen zehn bis fünfzehn schmutzige Männer, in ihren Händen gerade gerichtete Sensen haltend.

In demselben Augenblicke drang auch aus der Felsenspalte, durch welche der Weg führte, eine Masse bewaffneten Volkes hervor.

Der Cavalier hätte noch Zeit gehabt umzukehren und sich durch das Häuflein zu schlagen, das ihm im Rücken stand, aber schämte er sich vielleicht, sein erstes Gefecht mit einem Rückzuge zu beginnen, oder wollte er zur bestimmten Stunde um jeden Preis in Klausenburg sein, genug, anstatt daß er umgekehrt wäre, sprengte er auf die Felsenspalte los, wo das wild schreiende, mit Sensen und Heugabeln bewaffnete Volk ihm entgegen wimmelte.

— Mir aus dem Weg', Walache! — donnerte ihnen Imre zu, aber zwei ergriffen plötzlich den Zaum seines Rosses und die übrigen sprangen wüthend mit gefällten Sensen auf ihn los.

Zwei Schüsse fielen; Imre's Pferd war befreit, und zwischen den ungeschickt geführten Sensen sah man das Stahlschwert des Jünglings blitzen, wie es Funken stob und Wunden schlug; mit Blitzesschnelle schwenkt er's rechts und links; jetzt benutzt er einen Augenblick, wo die Angreifenden vor seinem entschlossenen Losschlagen zurückzutreten beginnen, sprengt durch den Haufen und jagt dem Engpasse zu.

Er bemerkt nicht, daß ihn droben auf der Spitze der Felsen Leute mit mächtigen Steinen erwarten, welche ihn rettungslos vernichten sollen, wenn er den Engpaß betritt.

Er war kaum noch einige Klafter weit vom Passe entfernt, den er nicht lebend verlassen hätte, als ein hoher, riesiggebauter Mann vom Felsen auf ihn losstürzte, den Zaum seines Rosses mit gewaltiger Hand erfaßte und es nöthigte, sich zu bäumen.

Das Haupt des Riesen bedeckte ein römischer Stahlhelm, und in seiner Linken hielt er ein kurzes, breites Schlachtschwert.

Der Jüngling führte einen Hieb auf des Angreifenden Haupt, und bis zur Hälfte zerspalten fiel der Helm von demselben, aber auch das Schwert zersplitterte von dem heftigen Streiche, und der Riese zwang das Roß zum Bäumen, bis es auf die zwei Hinterfüße gestellt das Gleichgewicht verlor und seinen Reiter so an die Felswand schleuderte, daß er auf dem felsigen Boden besinnungslos liegen blieb.

In diesem Augenblick fiel ein auf den Jüngling gezielter Schuß von der Felsenspitze.

— Wer schoß dort? brüllte der Riese mit donnernder Stimme.

Die blutdürstigen Walachen stürzten heulend nach der entwaffneten Beute, die besinnungs- und schutzlos im Staube lag.

Aber das Todesgeheul überdröhnte die Stimme des Riesen.

— Wer war's, der auf mich schoß?

Erschreckt blieben die Walachen um ihn stehen.

— Ich wollte nicht auf Dich schießen, Decurio, sondern auf den Husaren, — stammelte Einer zitternd, auf dem der scharfe Blick des Riesen schon in der Ferne gehaftet hatte.

— Du lügst, Verräther! Deine Kugel traf meinen Panzer, und wenn mich mein Stahlhemb nicht schützte, so lag' ich jetzt kalt am Boden.

Todesfarbe überzog das Gesicht des Menschen.

— Dich hat der Feind bezahlt, daß Du mich meuchlings mordest.

Der Angeklagte wollte reden, aber das Wort erstarrte auf seinen Lippen.

—Hänget ihn, er ist ein Verräther!

Der Angeklagte wurde wüthend von dem Haufen ergriffen, in die Luft gehoben und mit Blitzesschnelle zu einem Baume getragen. Ein Heulen bewies, daß das Urtheil vollstreckt sei.

Als der Decurio sich mit dem ohnmächtigen Ritter allein sah, schwang er sich jäh auf dessen Roß, legte ihn quer über dasselbe, und ehe noch der blutdürstige Haufe zurückgekommen, sprengte er davon, den Weg zurück, auf welchem der Jüngling gekommen.

Auch jetzt noch stand ein Haufe Aufständischer an der Brücke. Der Decurio bedeckte den Jüngling mit seinem Mantel, damit jene nicht sähen, was er mitführte, und als er an ihnen vorbei sprengte, rief er:

—Folget mir nach Topánfalva!

Dann, als er schon dachte, daß sie ihn nicht mehr sähen, wendete er sich plötzlich links auf einen steilen Bergweg und sprengte in das Dickicht des Waldes.

* * *

Es dämmerte der Morgen. Die Sonne sendete ihre ersten Strahlen auf die herbstlich sich röthenden Berge.

Der Jüngling bewegte sich zuweilen in seinem fieberhaften Traume und lispelte leise den Namen Jolánka. Auf sein blasses Antlitz, seine geschlossenen Augen begann die Sonne nun warm zu strahlen und einige Minuten später öffnete der Erwachende die Augen.

Er fand sich in einem kleinen einfachen Zimmer, durch dessen einziges Fenster die Morgensonne hereinleuchtete.

Das Bett, in welchem er lag, war einfach aus Linden geflochten und mit einem Bärenfell bedeckt. Zu Füßen des Bettes, dem Jünglinge den Rücken zugekehrt, lehnte ein riesiggebauter Mann, seine Arme waren gekreuzt, seine Blicke hafteten am Fenster.

Auf das Geräusch des Erwachenden wendete sich der Mann um. Der Decurio war's.

—Wo bin ich? — fragte Imre und suchte in seinem betäubten Gedächtnisse die Erinnerungen der verflossenen Nacht.

—In meinem Hause, — antwortete kurz der Decurio.

—Wer bist Du?

—Ich heiße Numa und bin Decurio im Heere der Romanen, — Dein Feind in der Schlacht, — jetzt Dein Wirth, der Dir Ruhestätte und Schutz gibt.

—Warum ließest Du von Deinen Leuten mich nicht tödten?

—Weil der Kampf zu ungleich war. Hunderte gegen Einen!

—Aber ohne Dich hätte ich mich durchgeschlagen.

—Ohne mich wärst Du zu Grunde gegangen. Zehn Schritte weiter hätten Dich Felsstücke unrettbar zerschmettert.

—Und Du wolltest das nicht?

—Nein! denn es hätte dem romanischen Namen Schande gebracht.

—Du scheinst mir ein schwärmerischer Mensch, Decurio.

—So wie Du. Ich kenne Dich von Klausenburg aus. Was Dich durchglüht, durchglüht auch mich. Du liebst Deine Nation, auch ich liebe die meinige. Deine ist gebildeter, größer, meine verwahrloster, verwaister; desto bitterer ist meine Liebe zu ihr. Dich macht Deine Vaterlandsliebe glücklich, mir raubt sie die Ruhe. Du ergriffest die Waffen, Deine Nation zu vertheidigen, ehe Du noch die Zahl Deiner Feinde, die Kraft Deiner Freunde gekannt. Ich habe dasselbe gethan. Möglich, daß wir verderben, möglich, daß Ihr verderbet, möglich, daß wir Beide verderben, aber wenn man das Schwert auch in die Erde eingräbt, der Rost wird es doch nicht verzehren.

— Ich verstehe Dein Weh nicht.

— Du verstehst es nicht? Glaubst Du's, Ritter, daß, wenngleich schon vierzehn Jahrhunderte verflossen, seit der römische Adler Diurbans Heldenheer zu Boden warf, es unter diesem verdummten Volke noch Familien gibt, auf die das gespenstische Andenken des vergangenen Ruhmes von Geschlecht zu Geschlecht übergegangen ist; daß es da jetzt noch Leute gibt, die Dir zeigen können, welcher Wald heute auf der Stelle Sarmisägethusa's steht, welche Stadt dort gebaut wurde, wo Decebal das ruhmreiche Heer der Consuln vernichtete? Und wehe jener Stadt, wenn es dahin kommt, daß die Gräber, über welchen sie Häuser gebaut, sich öffnen und die volkreichen Straßen wieder zum Schlachtfelde werden! Was ist aus dem Volke geworden, das Erbe so vieler Herrlichkeit, das Ueberbleibsel ist der ruhmgekrönten Dacier und der welterobernden Legionen? Ich klage Niemanden an, daß man es zu dem machte, was es jetzt ist, aber es klage auch Niemand gegen mich, wenn ich es zu dem machen will, was es war.

—Und glaubst Du, daß die Zeit gekommen?

—Wir haben keine Propheten, aber es scheint, daß auch die Eurigen die Zukunft nicht sehen. Jetzt versuchen wir's; wenn's nicht gelingt, werden's un= sere Enkel wieder; wir haben nichts zu verlieren, höchstens einige Menschenleben, und die sind wohl= feil. Ihr setzet mehr auf's Spiel, Ihr habt so viel zu verlieren und doch schaaret Ihr Euch um die Fahnen des Krieges; was thätet Ihr erst, wenn Ihr wäret, wie wir: ein Volk, das nichts hat, unter dem kein fähiger Mensch ist, kein gelehrtes Haupt, unter wel= chem jeder Dritte den Namen Pope führt und doch nur jeder Hundertste lesen kann; ein Volk, das aus= geschlossen ist von den Aemtern, das elendiglich lebt nach schweißtriefender Arbeit, das nicht einmal eine namhafte Stadt sein nennt in dem Vaterlande, von dem es drei Viertheile bewohnt. Wozu sollte dieses Volk fragen, ob die Zeit gekommen, in der es sterben oder neu geboren werden kann? Elend hat es, sonst nichts; wenn es besiegt wird, wird ihm das Niemand wegnehmen. Die haben schlecht für seine Ruhe gesorgt, die ein Volk so tief sinken ließen.

—Wir haben nicht für die Nationalität, sondern für die Weltfreiheit die Waffen ergriffen.

—Daran habt Ihr unrecht gethan. Mir ist's gleichviel, wer über mir steht, wenn er nur gerecht ist und mein Volk hebt; während Du geneigt wärest, die Größe, die Macht, den Einfluß, die Vorzüge Deiner Nation zu theilen, damit Du nur in einem herrnlosen Lande leben könntest.

Tobender Lärm unterbrach das Zwiegespräch der beiden Helden. Eine Masse Walachen kam in ungeordneten Haufen auf das Haus des Decurio zu; voraus trugen sie als Siegeszeichen den rothen Csako des Husaren auf einer Stange.

—Wenn ich Dich dort gelassen hätte, würden sie mir jetzt statt Deines Csako's Deinen Kopf so zeigen.

Die Haufen blieben vor dem Fenster des Decurio stehen, und als sie ihren Führer erblickten, brüllten sie ihm Begrüßungen zu.

Der Decurio richtete eine kurze walachische Rede an sie, nach welcher Mehrere ihm heftig zu antworten

begannen und die Stange mit dem Hute ihm zu=
neigten.

Verwirrt wendete sich der Decurio zu dem Jüng=
linge, der während der Zeit sich abseits in einen Winkel
zurückgezogen hatte.

—In Deinem Hute stand Dein Name geschrie=
ben?— fragte er ihn entsetzt.

—Ja.

—Unglücklicher! das Volk ist wüthend, daß es
Dich nicht fand; und da es nun Deinen Namen las,
wird es Deines Vaters Haus überfallen.

— Und Du gibst das zu?

—Ich kann ihnen nicht widerstehen, sonst büße ich
ihr Vertrauen ein. Ich kann gar nichts hindern.

—Liefere mich ihnen aus. Sie sollen ihre Rache
an mir kühlen.

—Das würde nichts nützen. Ich verriethe da=
durch, daß ich Dich gerettet, und könnte das Unglück
von den Deinigen doch nicht abwenden.

—Und wenn sie diese schutzlosen Unglücklichen
morden, über wen wird die Schmach dieses Blutes
kommen?

—Ueber mich. Aber ich gebe Dir ein Mittel an

die Hand, diese Schmach von mir abzuwenden. Wirst Du es benutzen?

—Sprich.

—Ich werde Dich verkleiden; eile nach Klausenburg, sammle dort Deine Gefährten und komm', Dein Kastell zu schützen. Dort werde ich Dich erwarten und kämpfen mit Dir; — will es das Schicksal, kannst Du mich dort tödten, oder ich Dich, aber der Kampf wird nicht mehr schimpflich sein; wir werden Mann gegen Mann, Heer gegen Heer stehen, im offenen, redlichen Kampfe.

—Dank, Dank! — stammelte der Jüngling und drückte innig die Hand seines Todfeindes.

—Eile; dort hast Du ein Bauerngewand, wirf es um; zeige diese Pazsura*) und nenne meinen Namen, wenn man Dich anspricht; es thut nichts, daß Du nicht walachisch verstehst, meinen Leuten ist's nichts Seltenes, daß magyarische Herren verkleidet zu mir kommen, auch sahen sie Dein Gesicht nur bei Nacht und werden Dich nicht erkennen.

---

*) Doppelköpfiger Adler, als Kennzeichen gebraucht in Janke's Lager.   D. Uebers.

Während der Jüngling sich eilends ankleidete, sprach der Decurio zu seinem Volke, hieß ihr Vorhaben gut, gab Befehl zum Aufbruch gegen das Kastell und versprach ihnen nachzueilen.

— Empfange mein Reitpferd zum Andenken, sprach der Jüngling zum Decurio.

— Ich nehme es an; in der Schlacht kannst Du es wiedererwerben. Eile und verspäte Dich nicht. Wenn Du wegbleibst, wird über Dich Trauer, über mich Schande kommen.

Einige Augenblicke später eilte der Jüngling in Bauernkleider gehüllt auf dem durch das Gebirge führenden Fußsteig nach Klausenburg.

* * *

Mitternacht war verflossen.

Die Bewohner des Bárdy'schen Kastells schliefen tief, die Gitterthüren desselben waren verschlossen und die Fenster deckte Nacht, als plötzlich ein höllisches Gebrüll die Schlafenden wach schreckte.

— Was ist das für Lärm? schrie Josef, aus seinem Bette springend und zum Fenster eilend.

Draußen war bei dem Lichte einiger brennenden Fackeln das Wogen eines fürchterlichen Volkshaufens zu sehen, welcher unter drohendem Gebrülle Sensen und Hacken in der Luft schwang.

Die Walachen! schreit mit Zittern ein hereinstürzender Reitknecht, der auf den gräßlichen Lärm erschrocken in das Zimmer seines Herrn eilte.... Die Walachen! kreischt ein zweiter, der jenem auf dem Fuße folgt. Und beide sind weiß, wie die Wand.

— Man muß die Thüren schließen, — sprach mit voller Geistesgegenwart der Mann; — die Hauptthüre müßt Ihr mit den Tischen des Speisezimmers verbarrikadiren; rufet den Barnabás und den Alten; die Frauen sollen sich in das rückwärts gelegene Zimmer begeben. Man darf den Kopf nicht verlieren. Ihr Alle versammelt Euch im Rondel-Zimmer, von wo aus man das ganze Gebäude vertheidigen kann.

Hiermit nahm er zwei Gewehre herab, die über seinem Bette hingen, und eilte in das Zimmer seines Bruders Thomas.

Diesen fand er schon angekleidet. Es war sonderbar, er hatte sein prächtigstes magyarisches Kleid angethan und das schwere, mit theuern Steinen besetzte, krumme Schwert umgegürtet, sonst aber ging er seelenruhig auf und ab. Von seinem Zimmer aus erstreckte sich das Rondel gegen den Hof hin.

— Hörst Du den Lärm? fragte Josef mit flammenden Wangen.

Thomas zuckte die Achsel. — Ich hab's voraus gewußt, — antwortete er und ging kaltblütig auf und ab.

— Und bereitest Dich nicht zur Vertheidigung vor?

— Wozu das? — Sie werden uns morden. Ich war stets bereit und bin es auch jetzt. Das muß geschehen.

— Aber es wird nicht geschehen, wenn wir uns tapfer halten. Wir sind acht Männer da, die Mauern des Hauses sind stark, die Stürmenden unbewaffnet, auch schützet sie der Platz nicht. Wir können uns da Tage lang halten, bis von Klausenburg Hülfe kommt.

— Wir werden zu Grunde gehen, antwortete Thomas kaltblütig und es bewegte sich kein Zug in seinem Gesichte.

— So werde ich allein das Haus vertheidigen, — ich habe Weib und Kind, ich habe eine alte Mutter, habe eine Schwester da. Ich werde sie vertheidigen, auch wenn ich allein bleibe.

In diesem Augenblicke traten Barnabás, Simon und die trauertragende Schwester ein.

Barnabás brachte einen furchtbaren zwanzigpfünbigen Buzogány*) in seiner Rechten; zähneknirschend, flammenden Auges kam er; man sah es ihm an, daß er fähig wäre, allein dem Haufen gegenüber zu treten.

Nach ihm kam die Wittwe; in einer Hand zwei Pistolen mit gezogenen Läufen haltend.

Ganz zuletzt kam der alte Simon; er weinte, zitterte und bat, daß man keine Gewaltthätigkeit begehe.

— Haltet Euch tapfer, — sprach die Wittwe trocken, — man darf das Leben nicht umsonst hingeben.

— Kommt hinaus mit mir, wir jagen sie in die Hölle, — dröhnte es von den Lippen des koloffalen Mannes, während seine Hand den schweren Buzogány schwang wie einen Rohrhalm.

— Man darf nichts übereilen — unterbrach ihn Josef. — Wir stellen uns da in das Rondel; von da können wir Jeden niederschießen, der sich uns naht, und dann, wenn die Sache dahin kommt, können wir auf der Treppe einzeln mit ihnen kämpfen.

— Ich werde Eure Gewehre laden, — ermunterte sie die Wittwe.

— Um Gottes willen, — unterbrach sie Simon kreischend, — was wollt Ihr thun? Wenn Ihr Einen tödtet, werden sie uns Alle niedermetzeln. Thut das

*) Keule.

nicht. Redet besänftigend zu ihnen, versprecht ihnen Wein, führt sie in den Keller. Gebt ihnen Geld, — versöhnt sie. Bruder Thomas, rede Du mit ihnen! — keuchte der Alte zu Thomas gewendet, der ohne Aufregung im Zimmer auf und ab ging.

— Vergebens ist das Besänftigen, vergebens die Vertheidigung; unser Verderben ist gewiß — antwortete der ruhig.

— Wir haben keine Zeit zu versäumen — sagte Josef ungeduldig. — Nimm die Waffen von der Wand herab, Barnabás; gib jedem Diener ein Gewehr; sie sollen sich an die rückwärts gelegenen Fenster des Hauses stellen, hier sind wir Zwei genug. Schwester, stelle Dich zwischen die Fenster, daß Dich kein Stein trifft. Wenn Du ladest, treibe die Kugel nicht zu tief hinab, damit wir unser Ziel treffen.

— Ich lasse Euch nicht schießen, jammerte der Greis, indem er Josef vom Fenster fortriß; — Ihr dürft nicht schießen! Bleibt ruhig.

— Geh' zum Kuckuk, Alter. Willst Du uns vor Steinregen mit Weihwasser schützen?

— Wartet nur so lange, — stammelte Simon, — bis ich mit ihnen gesprochen habe; ich werde sie gewiß versöhnen; ich kenne sie, kann auch in ihrer

Sprache reden. Es sind ja lauter gute Menschen, lauter bekannte, ich gehe zu ihnen.

— Böser Gedanke! Flehst Du sie an, morden sie Dich; zeigst Du Muth, werden sie lammfromm; bleib' da und nimm ein Gewehr.

Der Alte hatte diese Worte schon nicht mehr gehört, er eilte die Treppe hinab, ging durch ein Hinterthürchen in den Hof, der damals noch nicht eingenommen war, und begann zur anstürmenden Masse in klagend-schluchzendem Tone zu reden.

Die Walachen arbeiteten an der Zerstörung einer Steinsäule des Eisengitter-Thores; ihre Werkzeuge waren mächtige Hammer aus den Eisenhütten. Durch die gemachte Bresche sprang nun Einer hindurch. Simon wendete sich zu ihm. Er erkannte ihn.

— Mein Sohn Lupuj, was wollt Ihr hier? Haben wir Euch je etwas zu Leide gethan? Denkst Du nicht mehr daran, wie viel Gutes ich Dir gethan? Ich ließ Dein Weib von einer schweren Krankheit heilen; Dich hab' ich vom Militair losgekauft; als die Seuche Dein Vieh wegraffte, hab' ich Dir da nicht zwei schöne Stiere gegeben? Kennst Du mich denn nicht, mein Sohn Lupuj?

— Ich bin jetzt nicht mehr „mein Sohn Lupuj,"

sondern ein Kuruze! schrie der Walache und schmetterte den schweren Hammer, den er in der Hand hielt, auf das Haupt des flehenden Greises.

Mit gräßlichem Schrei sank dieser zusammen und starb.

In diesem Augenblicke stürzte auch die Thorsäule ein und der stürmende Haufe strömte durch die Bresche, fiel über die Leiche des Gemordeten her und hieb mit einem Beile das greise blutige Haupt ab.

Oben in dem Rondel sah man dies Alles.

Wie ein angeschossener Eber, mit blutgerändertem Auge stürzte nun Barnabás aus dem Zimmer, während Josef vorsichtig an der Mauer hinschlich, und als sie draußen des Greises Haupt auf einen Pfahl steckten, schoß er den Mann nieder, der den Pfahl in der Hand hielt; — ein anderer ergriff ihn, auch den schoß er nieder. Er schoß und schoß nach einander immer den nieder, der das Haupt emporhob, bis es endlich Niemand mehr wagte darnach zu greifen.

Das trauertragende Weib lud die ausgeschossenen Gewehre. Thomas saß ruhig in einem Armsessel.

Barnabás stürzte während dem auf den Boden hinauf. Droben lagen mehrere schwere Stücke eines zerlegten Eisenofens umher, die schleppte er zu einem Bodenfenster, welches sich über dem Thore befand.

Dann steckte er sein großes, flammendes Gesicht zum Fenster hinaus, blickte auf den tobenden Haufen hinab und wartete, bis sie sich zahlreich um die Thüre gesammelt, um diese einzurennen.

Da hob er ein zentnerschweres Stück vom Eisenofen auf, schwenkte es mit beiden Händen über seinem Haupte und schmetterte es dann auf die Köpfe der Stürmenden nieder.

Ein wildes Geheul erfüllte die Luft; die das Thor Stürmenden sprangen aus einander, vier bis fünf blieben als zerschmetterte Leichen liegen.

Einen Augenblick später stürmten sie abermals und mit erneuerter Wuth auf die Thüre los, während über Dach und Fenster sich ein Steinregen ergoß.

Das Thor dröhnte von den Streichen der eisernen Schlägel.

Barnabás setzte sich trotz der anfliegenden Steine ins Bodenfenster hinaus und donnerte mit der Kraft eines Wilden die schweren Gußeisenstücke hinab, mit jedem Wurfe zwei bis drei Menschen tödtend.

Aus dem Rondel folgte während dem Schuß auf Schuß, und kein einziger vergebens. Die Stür-

menden büßten Viele ein; und schon wollten sie ob der
erfolglosen, auf die Thüre geführten Streiche verzagen, als ein Reitknecht leichenblaß zu Barnabás gelaufen kam, um ihm anzuzeigen, daß die Walachen
den jenseitigen Theil des Kastells mit Leitern zu erklimmen begönnen und die Diener nicht mehr im
Stande wären, sie aufzuhalten.

Wuthentbrannt eilte Barnabás hinab.

Im rückwärts gelegenen Saale lag ein Heiducke,
von Steinwürfen tödtlich verwundet, und man hörte
hier das Geschrei der nahenden Stürmenden, die auf
Leitern emporklommen.

Barnabás sprang hin. Er sah, daß an das Fenster des jenseitigen Saales eine andere Leiter gelehnt
war und die Walachen, den schwachen Widerstand besiegend, schon durch das Fenster zu springen begannen,
während man schon die Köpfe der auf der andern
Leiter Emporklimmenden sehen konnte.

— Hierher, Gesindel! brüllte er wuthbebend, ergriff mit beiden Händen die Leiter, drehte und schüttelte sie, daß Alle, die sie trug, hinabstürzten, dann
erfaßte er sie mit beiden Händen, hob sie mit übermenschlicher Kraft in die Luft, wie eine eisenstarke

Dampfmaschine, schwenkte sie und schleuderte sie mit entsetzlichem Wurfe auf die andere Leiter.

Diese zerbrach in der Mitte unter der ungeheuren Wucht des Wurfes; ihr oberer Theil sank rücklings sammt den darauf Befindlichen hinab; Einer von ihnen klammerte sich mit einer Hand ans Fenstergesimse, bis er nach unerhörter Anstrengung mit zerrissenen Flechsen hinabstürzte und unten zerschmetterte.

Barnabás' Lippen schäumten, seine Augen waren blutunterlaufen, sein Angesicht war blau. So stürzte er ins benachbarte Zimmer.

Ein Walache, der der Erste die Leiter erstiegen hatte, war da auswegslos zurückgeblieben. Er fand ihn.

Der Mensch erblaßte, sein Beil entfiel seiner Hand, als er Barnabás erblickte. Das Entsetzen machte ihn starr, so grauenvoll war Barnabás' Anblick.

Mit wahnsinnigem Zorne und bloßer Hand warf Barnabás sich auf seinen Feind, ergriff dessen zur Abwehr ausgestreckten Arm, riß ihn mit unwiderstehlicher Kraft an sich und schleuderte den Kerl durch's hohe Fenster, daß er weit dahin flog und Purzelbäume in der Luft schlug.

— Nur her mit Euch! — brüllte der Eisenfresser.

Sein Mund blutete von einem Steinwurfe, daß es
aussah, als hätte er Blut getrunken. — Kommt heran,
so viel Ihr seid, komme her, wer eines schrecklichen
Todes sterben will!

In diesem Augenblicke ertönte ein gräßliches Geschrei im Innern des Hauses.

Die Walachen hatten das in den Garten führende Hinterpförtchen entdeckt, welches Simon un-
vorsichtiger Weise hinter sich offen ließ. Sie stahlen
sich hinein und waren schon im Innern des Hauses,
als eine Dienerin sie bemerkte und in ihrem Todes-
schrecken den Belagerten hiervon durch einen Schrei
Nachricht gab.

Sie wurde sogleich niedergestochen.

Als Barnabás den Schrei hörte, ergriff er entschlossen seinen schweren Buzogány und eilte der
Treppe zu.

Auf dem Gange begegnete er seinem Bruder, der
das Eindringen bemerkt und die Vertheidigung des
Thores aufgegeben hatte. Seine Gewehre in der
Hand, von der Wittwe begleitet, eilte auch er der
Treppe zu.

— Geh', Schwester, zu den Meinigen, — sprach
Joseph zu der trauertragenden Frau, — nimm sie Alle

auf den Boden mit, wir werden versuchen, die Treppe stufenweise zu vertheidigen. Küsse Weib und Kinder für mich. Wenn sie uns tödten, werfen sie uns, glaub' ich, in Ein Grab. Dort treffen wir uns.

Die Wittwe entfernte sich. Die beiden Brüder drückten einander stumm die Hand, dann stellten sie sich auf eine Stufe der Treppe und erwarteten ihre Feinde.

Sie brauchten nicht lange zu warten.

Mit todverheißendem Racheburst stürmte die blutdürstige Bande die enge Treppe hinauf und griff die Vertheidiger an.

Ha! so nahe lieb' ich Euch! röchelte Barnabás, faßte seinen Buzogány in beide Hände und begann unter die Angreifenden drein zu schmettern.

Schnell, wie die Flügel der Windmühle, schwer, wie Gottes Donnerkeile, fielen Barnabás' Streiche immer auf eine Stelle hin. Wen ein Streich traf, der stand nicht wieder auf. Zersplitterte Köpfe, eingetrümmerte Brustbeine, in der Seite zerbrochene Leichname begannen nun auf der Treppe umher zu liegen. Die furchtbaren Schläge des gewichtigen Buzogány und das Todtengeheul füllten Entsetzen erregend die wiederhallende Wölbung.

Ueber Hals und Kopf rannten die Angreifenden vor dem grimmigen Angriffe zurück, obwohl die Nachkommenden die Vordern vorwärts schoben. Der eisenarmige Mann schlug sie unermüdlich zurück, und durch den zusammengepreßten Männerhaufen brach er sich Bahn mit den Streichen seines mauerbrechenden Buzogány.

Fast hatte er sie schon bis zum Fuße der Treppe gejagt, als einer der Angreifenden, in einer Nische versteckt und unbemerkt geblieben, ihn, als er ihm den Rücken zugewendet hatte, von hinten mit einem gewaltigen Bratspieß durchbohrte.

Mit entsetzlichem Gebrülle wendete sich der Gemeuchelte um, schleuderte seinen Buzogány unter den vor ihm weichenden Haufen und mit dem Ausdrucke unaussprechlicher Wuth im Gesichte, faßte er in verendender Kraft seinen Mörder an den Schultern und sank mit ihm zu Boden.

Die vier Ersten, die dem Mörder beigesprungen waren, streckten die Schüsse seines Bruders hin, der, nachdem er seine Gewehre ausgeschossen, mit umgekehrtem Flintenkolben seinem Bruder zu Hülfe eilte, aber nach kurzem Kampfe entwaffnet wurde.

Sie schleppten ihn hinaus zu dem eisernen Kreuze

am Felsen, schlugen ihn an dasselbe und richteten ihn unter fürchterlichen Qualen hin.

Als sie auch den andern Bruder von dem umklammerten Mörder trennen wollten, fanden sie Beide schon todt. Mit seiner letzten Kraft hatte er dem Meuchelmörder die Seele ausgepreßt, seine Arme erstarrten im Erdrücken des Feindes.

Man mußte ihm die Hände abhacken, damit der Walache loskomme — als Leiche.

Nur Thomas, der älteste Bruder, war von den Männern noch am Leben geblieben und erwartete in seinem Schlafgemache mit ruhigem Gesichte seine Mörder.

Er saß in seinem Lehnsessel; vor ihm brannten zwei Wachskerzen in einem silbernen Armleuchter, durch scharfe Schattungen die entschlossenen, edelstolzen Züge des Aristokraten noch ausgeprägter machend.

Dort saß er ruhig, — er hörte den Lärm sich seiner Thüre nähern — und sein Herz pochte nicht lauter, nicht schneller, als vorhem.

Er zückte sein breites, krummes Schwert, legte es vor sich auf den Tisch hin, neigte seine große Stirne in die hohle Hand und starrte die unbekannten Buchstaben an, die in die schwarze Klinge eingegraben waren.

Der Lärm kam immer näher. Es fiel ein Schlag auf seine Thüre, sie öffnete sich, sie war gar nicht verschlossen.

Schimpfend und scheltend stürmten sie herein, ihre Waffen, unter welchen keine war, die nicht von Blut getrieft hätte, über den wilden Häuptern schüttelnd.

Der Edle stand regungslos, wie eine Bildsäule, bis seine Feinde nur noch zwei Schritte weit von ihm waren; da erblitzte das glänzend schwarze Schwert in seiner Faust und einer der Angreifenden sank mit bis zum Kinne gespaltenem Schädel zu seinen Füßen einem Andern hieb er den gegen ihn erhobenen Arm an der Schulter weg.

Er sprach kein Wort. Kein Laut der Wuth kam über seine Lippen. Sein Antlitz blieb kalt und weiß, seine Augen rollten nicht, blitzten nicht, stumm und stier blickten sie über die Häupter der Angreifenden hin, mit stolzer Verachtung, während das blitzende Schwert mit der Geschicklichkeit eines Fechtmeisters jeden nach ihm geführten Streich auffing und in kaltblütig berechneten Hieben auf die Häupter und Gesichter seiner Feinde niederpfiff.

Diese brüllten wild auf. Je mehr von ihnen verwundet wurden, desto heftiger griffen sie an. Er kämpfte mit kaltem, Verachtung ausdrückendem Gesichte, nur sein ausgestreckter Arm bewegte sich). Seine ganze Gestalt stand starr da, wie eine Bildsäule, starr, wie die Züge seines Gesichtes, als ob er gesagt hätte, daß selbst im Kampfe ein Edelmann mehr werth ist als zehn Bauern.

Endlich verwundete eine auf ihn geschleuderte Sense seinen ausgestreckten Fuß. Ohne den leisesten Laut des Schmerzes sank der Edle auf ein Knie nieder und focht weiter gegen den anstürmenden Haufen. Sein Schwert umpfiff sein Haupt. Immer das frostige, bleiche Antlitz, immer der starre, stolze Blick.

Nach langem, hartnäckigem, ermüdendem Kampfe brach er immer mehr zusammen und sank endlich rücklings nieder ohne einen Laut des Schmerzes, ohne Todesröcheln.

Ueber seiner Leiche schlugen die Wogen der Wuth des Haufens zusammen, und nach einigen Augenblicken hoben sie sein Haupt empor, auf das eigene Schwert gesteckt. Und auch jetzt war es noch immer das frostige, bleiche, schmerzlose Antlitz, der starre, stolze, Verachtung ausdrückende Blick.

Er war der letzte Mann in der Familie, mit dem man zu kämpfen hatte.

Nach seinem Falle waren nur Weiber und Kinder im Hause.

Aber von den Angreifenden lagen mehr als hundert todt dahingestreckt im Hofe, vor den Thüren und Fenstern, auf den Treppen und im Zimmer, und wenn das Siegesgeschrei einen Augenblick ruhte, konnte man das qualvolle Wehgeschrei der Sterbenden und Verwundeten hören.

* * *

Nur noch Weiber und Kinder waren von der Familie übrig geblieben.

Diese hatte die trauertragende Frau in dem Augenblicke, wo die Walachen ins Kastell eindrangen, hinauf auf den Boden geführt, dessen Thüre offen lassend, damit die Brüder, wenn sie zum Rückzuge gezwungen würden, sich hierher retten könnten.

Dort erwarteten die schwächern Mitglieder der Familie den Ausgang des Kampfes, zitternd den Tönen des Kampfgebrülles lauschend, und aus dem Gewirre derselben Gutes und Schlimmes deutend.

Endlich erstarb das Getöse. Der Stürmenden Gebrüll hörte auf. Die Frauen droben glaubten, daß die Walachen zurückgeschlagen wären, und sahen mit erleichterter Brust dem Kommen ihrer Vertheidiger entgegen.

Die waren damals schon im Jenseits.

Auf der zum Boden führenden Treppe wurden Tritte hörbar, Tritte schwerer, gewichtiger Füße.

—Das sind Barnabás' Tritte! schrie freudig die Wittwe, die immer noch die zwei Pistolen in der Hand hielt, und eilte der Bodenthüre zu.

Eine von Blut berauschte Gestalt trat ihr statt ihres Bruders entgegen, — ein von Wuth und Sieg flammendes Antlitz.

Mit schrecklichem Schrei sprang die Wittwe vor der Gestalt zurück und mit der Verzweiflung unerklärbarem Muthe faßte sie die Pistole und jagte die Kugel dem Manne durch die Brust, daß er rücklings dahinsank auf die ihm folgenden Freunde.

Mit einem zweiten Schuße zerschmetterte die trauertragende Frau ihre eigene Brust.

Verlassen wir diese Stätte des Gräuels! Was jetzt geschah, ist nicht der Art, daß es ein menschlich Auge sehen sollte.

Elendiglich, unter ausgesuchten Qualen wurden sie Alle hingemordet, Weiber und Kinder, und ihre Leichen

durch eben jenes Bodenfenster hinabgeworfen, durch
welches Barnabás auf die Köpfe der Stürmenden
die Eisenplatten geschleudert.

Zuletzt hatten sie die achtzigjährige Großmutter
gelassen, damit sie ihre ganze Familie ausrotten sehe.
Zu ihrem Glücke hatten sich ihre Augen schon lange
nicht mehr dem Sonnenlichte geöffnet, und bald ließ
Gott über sie sein ewiges Himmelslicht erstrahlen.

Den Leichnamen wurde dann ein gemeinsames
Grab gegraben und alle in dasselbe hineingeschleu=
dert; über sie wurde der Säugling geworfen und
zu seiner Familie begraben.

Noch Stunden lang hörte man das Weinen unter
der Erde hervor.

— Noch Einer fehlt, — sagten sie, als sie die Lei=
chen gezählt. — Es sind nur elf da, Einer muß noch
irgendwo stecken.

Und sie stürzten von Neuem hinauf in die leeren
Zimmer, zertrümmerten die Möbel, zersetzten die Tep=
piche, durchsuchten alle Winkel der Böden und Keller
und fanden nirgends den Einen.

Endlich begann Einer von ihnen mit seinem ei=
sernen Hammer die Wände entlang zu klopfen; und
als es an einer Stelle hohl klang, gab er mit freudigem

6*

Brüllen seinen Gefährten ein Zeichen, daß sie hierher kommen sollten.

Es war da eine geheime Thüre, die mit der Mauer gleich bemalt eine geräumige Nische bedeckte.

Mit einigen Beilhieben war die Thüre eingebrochen.

—Da ist sie! da ist sie! brüllten die Nächststehenden, während die Uebrigen mit blutdürstiger Neugierde sich emporreckten, um die Beute zu sehen.

Dort lag die kleine silberblonde Waise, blaß, mit geschlossenen Augen.

Als ihre Tante die andern Verwandten auf den Boden führte, verbarg sie die Waise wie von einer Vorahnung getrieben in diese Nische, welche selbst dem Hausgesinde unbekannt war.

Nun lag sie ohnmächtig da, ihre Hand hielt ein scharfes Messer, mit dem sie sich hatte tödten wollen; als aber ihr schwacher Arm ihr diesen schrecklichen Dienst versagte, raubte Verzweiflung ihr die Besinnung.

—Ah! brüllten die Walachen und in ihrem Gesichte mischte sich der Blutdurst mit dem teuflischen Fletschen noch gräßlicherer Gedanken.

—Das ist gemeinsame Beute! brüllten Einige.

—Ein schönes Mädchen! ein Herrschaftsfräulein, hahaha! — lachten sie wild — ganz für die zerlumpten Walachen geschaffen! und mit ihren schmutzigen, blutigen Händen ergriffen sie des Mädchens schaumzarte Arme.

—Was geschieht hier? brüllte in diesem Augenblicke eine dröhnende Männerstimme. Die Walachen sahen sich um. Es stand ein Mann unter ihnen, um einen Kopf höher als sie Alle; sein Haupt bedeckte ein Stahlhelm, auf dem die Spur eines mächtigen Hiebes sichtbar war; in seiner Linken hatte er ein kurzes römisches Schwert, in seinen Gesichtszügen urrömischen Typus und Charakter.

—Der Decurio! murmelten sie und machten ihm Platz.

—Was geschieht da? fragte er, und als er das ohnmächtige Mädchen in der Hand eines Walachen erblickte, hieß er ihn sie auf die Erde legen.

—Der ist auch unser Feind, antwortete dieser trotzig.

—Verstumme, Elender, der Du meinst, die Söhne der romanischen Nation müßten sich Weiber statt Feinde aufsuchen. Leg' sie auf die Erde.

—Nicht so, Häuptling! unterbrach ihn Lupuj trotzig. — Du kennst unsere Gesetze, die uns gemeinsame Beute verheißen. Das Mädchen da ist unsere Beute. Von der bekommt Jeder gleichen Antheil.

—Ich kenne unsere Gesetze besser als Du. Gleichen Antheil an jeder Beute; aber eben da steht's auch, daß über das, was nicht theilbar ist, das Loos entscheidet.

—Gut, Häuptling. Ein Reitpferd, ein Stier ist freilich nicht theilbar, da müssen wir losen, aber ein Mädchen kann uns Allen gehören.

—Ich sage, sie kann's nicht, und möchte den gerne sehen, der da sagen wird, sie kann's.

Lupuj kannte schon den Decurio und sprach kein Wort mehr, auch die Uebrigen zogen sich schweigend von dem Mädchen zurück. Nur eine Stimme rief aus dem Haufen: —Sie kann's!

—Wer sagte das? Er trete hervor.

Ein junger Walache mit geflochtenen Haaren trat hervor, er war betrunken; mit dummem Gefletsche stellte er sich vor den Decurio und seinen Kopf rückwärts werfend, schlug er sich mit der Faust auf die Brust und sagte: — Ich hab's gesagt.

Kaum hatte er dies ausgesprochen, als der

Decurio seinen linken Arm hob und mit Einem Streiche den Kopf des Widersprechenden so abhieb, daß er rückwärts hinfiel, der Rumpf aber auf das Knie sinkend mit beiden Armen das Knie des Decurio umfaßte.

— Behauptet noch Jemand, daß sie's kann? fragte der Riese mit unbarmherziger Strenge.

Die Walachen zogen sich schweigend abseits.

— Spannt Pferde vor die Kutsche, setzt das Mädchen hinein und bringt sie nach Topánfalva. Wem immer das Glück sie schenken wird, Jeder hat das Recht zu verlangen, daß er sie so bekomme, wie ich sie jetzt Euch anvertraue. Wer Lust bekommen sollte, die noch Keinem gehörende Beute auch nur mit einem Blicke zu beleidigen, oder sie anzugrinsen, oder ein verletzendes Wort von ihr zu sprechen, der erinnere sich an den da und lerne aus seinem Beispiele, — sprach der Decurio, stieß den vor ihm liegenden Leichnam mit dem Fuße von sich und winkte mit dem Schwerte dem schweigsamen Haufen.

— Jetzt geht, verwüstet und raubt!

Der Haufe stob brüllend aus einander; der Decurio aber ließ die ohnmächtige Jungfrau in die Kutsche heben und, sie einigen treuen Unterthanen der Fa-

milie anvertrauend', den Weg ins Gebirge ein=
schlagen.

Eine halbe Stunde später stand das Kastell in
Flammen, das Feuer leckte durch die Fenster, die
Mauern schwärzend. Und als die Flammen schon überall
wogten, brachen die Walachen in die Keller ein, schlugen den Boden der Fässer aus, schwammen in einem
Meere von Wein und Branntwein und sangen ein
wildes Lied, während das Haus über ihren Häuptern
brannte.

Dann zogen sie schaarenweise von bannen, beladen mit Beute, ihre Todten und zum Tode Betrunkenen dort liegen lassend.

* * *

Das ohnmächtige Mädchen wurde in das Haus
des Decurio gebracht. Es wagte sie Keiner zu beleidigen; da aber Jeder ein förmliches Anrecht auf sie zu
haben glaubte, wurde sie von Allen eifersüchtig be-
wacht, und dort harrten sie haufenweise, bis der
Decurio kam; dann drängten sie sich mit ihm zugleich
in das Zimmer, auch Gang und Vorhaus erfüllend.
Jetzt legten sie alle ihre Beute nieder, denn Alle mußten von ihr gleiche Theile bekommen.

Der Decurio vertheilte diese zu gleichen Theilen und übermachte Jedem, was auf ihn fiel.

Ihm selber fielen zehn Antheile zu, das Uebrige wurde vertheilt.

Mehrere gingen nach Vertheilung des Raubes heim, doch blieb ein großer Theil der Walachen auch dann noch zurück, lechzende Blicke werfend auf die zuletzt gebliebene Beute.

Blaß und regungslos lag auf dem mit einer Bärenhaut überzogenen Bette das schöne Mädchen, man sah ihr's kaum an, daß sie lebte.

—Ihr bliebt da, die Würfel zu werfen um das Mädchen, nicht wahr? fragte Numa die Wartenden.

—Freilich, antwortete Lupuj mit unverschämtem Grinsen. Wir werden würfeln; wer mehr wirft, dem gehört sie. Wenn wir zwei, zehn, zwanzig dasselbe werfen, gehört sie eben so Vielen.

—Sie kann nur Einem gehören, versetzte Numa trocken.

—So werden Jene dann unter sich noch einmal würfeln.

—Das Würfeln taugt nichts. Möglicher Weise bleiben wir zwei und fallen uns die Würfel bis in die späte Nacht immer gleich.

—So spielen wir Karten um sie.

—Das erlaube ich nicht. Die Verschlageneren können da die Einfältigeren betrügen.

—Gut, so schreibe unsere Namen auf Scherben, die werfen wir alle in ein Faß, und wessen Namen Du herausziehst, der nehme das Mädchen.

—Aber Ihr könnt ja nicht einmal lesen, und ich läse den Namen, der mir gefiele.

Der Walache begann seinen Kopf ungeduldig zu kratzen.

—Nun denn, so sage Du etwas Gescheutes, Decurio.

—Ich werde Euch's sagen. Wir versuchen, wer von uns den meisten Muth hat; wer der Tollkühnste unter uns sein wird, wer es beweist, daß er sich vor nichts fürchtet, dem gehöre das Mädchen, der wird es zugleich verdient haben.

—Es gilt! schrien Alle. —Erzähle Jeder, was er gethan. Daraus urtheile, Decurio, wer der Tapferste ist. Ich habe den ersten Bárdy im Hofe erschlagen, Angesichts seiner Brüder.

—Ich habe die Thüre eingebrochen, als der breite Mensch am geschäftigsten auf mich die Eisenstücke schleuderte.

—Aber ich war's, der ihn durchstach.

—Ich war der Erste auf der Leiter.

—Ich habe fast eine halbe Stunde lang mit dem goldgekleideten Edelmanne gefochten.

Und so sprachen Alle. Jeder war der Erste, Jeder der Tapferste, Jeder der Kühnste, Jeder hatte wenigstens einen Haufen Feinde niedergemacht.

—Ihr habt Euch Alle recht wacker gehalten, aber damit, was geschehen ist, kann man jetzt nichts beweisen. Ihr müßt die Probe jetzt erst bestehen, Alle zugleich, vor meinen Augen, da mit mir, unbestreitbar.

—Aber sage, wie? sprach Lupuj unruhig, denn er hatte immer Furcht, daß Numa ihm einen Streich spielen wolle.

—Da seht her, — erwiderte Numa und zog vom Bette ein halbeimeriges Faß hervor. Und als er währenddem auf das dort liegende Mädchen blickte, bemerkte er, daß sie die Augen halb geöffnet, auf ihn gesehen und sie wieder geschlossen hatte.

Sie war wach und hörte jedes gesprochene Wort.

Numa lispelte, als er sich nach dem Fasse bückte, dem Mädchen mit leisem, langsamem Tone zu:

—Fürchte nichts! — dann rollte er das Faß in die Mitte des Zimmers.

Die Walachen harrten neugierig, was er ihnen da geben werde.

Er nahm ein Beil und hieb den Boden des Fasses heraus.

—Das ist ein Zentner Pulver. Jetzt merkt auf. Wir werden einen Kienholzspan anzünden und ihn in die Mitte des Fasses hineinstecken, dann setzen wir uns rund um das Faß. Wer von uns am längsten dazubleiben wagt, der ist ohne Zweifel der Muthigste unter uns, denn wenn so viel Pulver da losknallt, kann es nicht allein das Haus, sondern auch das Dorf zertrümmern.

Unter den Walachen begannen Mehrere unzufrieden zu brummen.

—Wer sich fürchtet, wird nicht genöthigt da zu bleiben, — antwortete ihnen trocken der Decurio.

—Gut, mir recht! prahlte Lupuj; ich bleib' da; aber ob das da in dem Fasse nicht Mohn ist? Es sieht gerade so aus wie Mohn.

Anstatt der Antwort nahm Numa mit drei Fingern eine Prise aus dem Fasse und streute sie auf die brennende Pfeife des Walachen; die jäh emporschlagende

Flamme verſetzte dem Zweifler eine Ohrfeige, daß er rücklings taumelte vor Schrecken, und im nächſten Augenblicke ſtand er ohne Schnurrbart und Augenbrauen mit rußigem Geſichte vor ſeinen hohnlachenden Gefährten da.

Das brachte den Walachen noch mehr in Wuth.

—Ich bleib' da! ich halte aus, lärmte er und hob seine ihm aus den Mund geſchlagene Pfeife vom Boden auf, und als der Decurio den brennenden Span ins Faß ſteckte, ging er hinzu und zündete ſeine Pfeife an ihm an.

Auf dieſen Scherz verließen zwei Drittheile der Walachen das Zimmer.

Die Zurückgebliebenen aber ließen ſich mit Lärmen und Prahlen um das Faß nieder und ſchwuren bei Himmel und Hölle, daß ſie dableiben würden, und je mehr ſie ſchwuren, deſto häufiger blickten ſie auf den brennenden Span, deſſen Flamme ſich nach und nach der Oberfläche des Pulvers zu nähern begann.

Anfangs blickten die Walachen nur einander an. Jeder fand den Andern bleich. Einer und der Andere begann auszureißen. Auch die Uebrigen verloren ſich langſam, ohne daß ſie dem Hausherrn gute Nacht gewünſcht hätten. Mancher entfernte ſich wüthend und zähneknirschend. Endlich waren nur noch zwei um das Faß geblieben: Numa, der mit gekreuzten Armen, mit dem Rücken ans Bett gelehnt, dastand und ruhig auf den brennenden Span blickte, und Lupuj, der in starken Zügen seine Pfeife rauchend sich auf den Rand des Fasses setzte, aber so, daß er der Gefahr den Rücken zukehrte.

Als sie nur zwei noch im Zimmer geblieben waren, blickte der Walache hinter sich und sah, daß das Feuer des Spans nur noch einen Finger hoch vom Pulver entfernt war.

—Decurio! ich sag' Dir was — sagte er aufspringend. —Wir sind nur unser Zwei dageblieben, machen wir keine dummen Streiche mit einander. Werden wir handelseins. Laß' das Mädchen uns Zweien gehören.

—Wenn Du das Warten satt hast, kann ich den Zunder tiefer hinabdrücken.

—Thu' nichts Dummes, Numa! Du bist doch nicht toll geworden? Wie könntest Du wegen eines bleichen Weibsbildes uns Beide in die Hölle schleudern? Ich sag' Dir was. Auf das kannst Du wirklich eingehen. Versprich mir nur das: wenn Du einmal das Mädel satt hast, gibst Du mir's.

—Bleib' da und gewinne sie von mir, dann gehört sie auch zuerst Dir.

—Ja, aber das will ich nicht, — erwiderte mit ärgerlicher Unruhe und fast in weinendem Tone der Walache, und wie ein starrköpfiges Kind fing er vor Wuth an zu toben und die eigenen Kleider zu zerreißen.

—Was ich ausgesprochen, das bleibt, sagte der Decurio. —Wer zuletzt dableibt, der hat ein alleiniges Recht auf das Mädchen.

—Ich bleibe ja da, aber was gewinne ich damit? Ich weiß, Du bleibst auch da, und dann holt uns Beide der Teufel. Und ich sag' es nicht meinet-, sondern Deinetwegen, daß ich das nicht will.

—Wenn Du's nicht willst, so laufe weg.

—Mir recht; wenn Du mir eine Hand voll Dukaten gibst.

—Nicht einen halben; bleib' da.

—Decurio, sei nicht toll! das Feuer wird gleich beim Pulver sein.

—Ich seh's.

—So gib mir einen Thaler.

—Keinen Heller.

—So zerschmettere Dich Gottes siebenundsiebzigarmiger zischender Blitz am Sanct=Michaels=

tage! — brüllte der Walache und sprang bis zur Thüre.

Als er draußen war, steckte er noch einmal den Kopf herein.

— Gibst Du mir nicht einen Zwanziger? ich bin noch nicht weggegangen.

— Ich hab' auch den Zunder noch nicht herausgenommen; kannst noch zurückkommen.

Auf das schlug der Walache die Thüre zu, und in ungeheuren Sätzen begann er zu springen und zu rennen, was er nur konnte, bis ihm die Kraft versagte; dann sank er athemlos unter einem Baum hin, zog die Pelzmütze tief in die Augen, hielt sich mit beiden Händen fest die Ohren zu . . . so lag er, nur dann und wann den Kopf emporhebend und lauschend, wann wohl die Welt in die Luft fliege.

Der allein gebliebene Decurio aber nahm kaltblütig den fast schon ganz herabgebrannten Zunder heraus und warf ihn ins Feuer des Kamins, dann trat er zu dem Mädchen hin und lispelte ihr ins Ohr:

— Du bist gerettet!

Zitternd erhob sich das Mädchen von ihrem Lager, ergriff mit ihren beiden Händen die große, nervige Hand des Decurio und sagte bebend:

— Sei barmherzig! Erweise mir eine Wohlthat: tödte mich.

Der Decurio strich mit seiner Hand über das kleine liebe Lockenköpfchen des Mädchens und erwiderte in zärtlich sanftem Tone: — Armes kleines Mädchen, fürchte nichts, es wird Dir Niemand ein Leides thun. —

— Daß Du mich von jenen Ungeheuern befreitest, siehe, ich küsse Deine Hand dafür; aber nun befreie mich von Dir, — tödte mich.

— Vor mir fürchte Dich nicht — antwortete stolz der Dakoromane. — Ich kämpfe für die Freiheit und lasse auch das Weib nicht als Sklavin gelten. Du kannst Dich in meinem Hause so sicher fühlen, als säßest Du auf den Stufen des Altares. Wenn ich auch nicht zu Hause bin, fürchte nichts, dieses Hauses Mauern sind unverletzlich; wer Dich nur mit einem Blicke beleidigen würde, hat seine Erdenlaufbahn beendet; und auch dann bange nicht, wenn ich zu Hause bin, es wohnte noch nie in meinem Herzen das Bild eines Weibes. Nimm meine Schlafstätte ein, dort kannst Du süß schlummern, die verflossene Nacht hat Imre Bárdy auf ihr zugebracht.

— Imre? sprach überrascht das Mädchen. — Du sahst ihn? Wo ist er?

Der Decurio dachte nach, er wußte nicht, was er antworten sollte.

— Er hätte nicht so lange säumen sollen — murmelte er für sich. Alles wäre anders geworden. Es hätte nicht so enden müssen, nicht so.

— O erlaube mir, daß ich zu ihm gehe, wenn Du weißt, wo er ist!

— Das weiß ich nicht. Aber ich bin dessen gewiß, daß er, wenn er lebt, herkommen wird, herkommen muß.

— Wie so weißt Du das?

— Weil er Dich suchen wird.

— Hat er vor Dir vielleicht meiner erwähnt?

— Als er halb todt war, als er schlief, als er träumte, als er erwachte — immer hat er Deinen Namen genannt. Nicht wahr, Du bist die Jolánka Bárdy, die man den Engel der Umgegend nennt? An Deinem silberblonden Haare erkannte ich Dich.

Das Mädchen schlug die Augen nieder und fragte leise: — Also glaubst Du, daß er kommt?

— In kürzester Zeit. Jetzt ruhe aus. Frage nicht

nach Deinen Verwandten, sie sind gut aufgehoben, es fehlt ihnen nichts mehr.

Der Decurio brachte dem Mädchen Speise und Trank und fügte denselben mit ausnehmender Zartheit ein kleines Gebetbuch bei; hierauf ließ er die zweifach Verwaiste allein.

Traurig aß sie einige Bissen, dann schlug sie das Gebetbuch auf und große Thränen weinend betete sie, bis endlich der wohlthätige Genius, der Schlaf, sich auf ihre Wimpern niederließ und das unschuldige Kind nach so vielem entsetzlichen Mißgeschicke den tiefen Schlaf der Gerechten schlief.

Eine halbe Stunde später trat der Decurio ins Zimmer. Er sah das Mädchen schlafen. Auf den Fußspitzen nahte er sich ihrem Bette und betrachtete lange ihr unschuldvolles schlummerndes Antlitz, bis sich zwei Thränen unbemerkt in seine Augen stahlen.

Aufgeregt wischte der Romane das unbekannte Naß aus seinen Augen, und als ob er vor dem Gefühle erschrocken wäre, das sich in sein Herz gestohlen, eilte er aus dem Zimmer. Draußen in der Vorhalle breitete er bei geöffneten Thüren eine grobe Kotze auf den Boden aus, auf die legte er sich, und

7*

schlaflos und schwärmend betrachtete er bis Mitternacht die Gestirne des Himmels.

* * *

Während dem brannte das verlassene Kastell immer fort und warf ein gespenstisches Licht auf die weite Umgegend.

Ringsum herrschte tiefe Stille, kaum vom letzten Aufschrei eines Sterbenden oder dem schläfrigheisern Liebe eines Betrunkenen unterbrochen.

Von der Klausenburger Seite her näherte sich in scharfem Trabe ein Reiterhaufen auf dem zum Kastell führenden Wege.

Imre und seine Gefährten sind es. Lautlos und düster folgt Einer dem Andern.

Die Sonne ist schon am Himmel heraufgekommen.

— Wir haben uns verspätigt — sagte Einer, der neben Imre ritt, indem er auf die am Himmel erscheinende Gluthröthe hinwies. — Dort brennt D e i n Haus.

— Vielleicht noch nicht — erwiderte Imre und spornte sein Pferd zu noch schnellerem Trabe an. Seine Freunde vermochten ihm kaum zu folgen.

An einer Wegkrümmung endlich erschien das

Thal. Das Kastell ward sichtbar: wie ein brennender Scheiterhaufen lohte es hoch auf an der Seite des Berges.

Wie ein tödtlich verwundetes Wild schrie der Jüngling auf; er riß sein Schwert aus der Scheide, und in gestrecktem Lauf sprengte er den Berg hinab, jenseits den sich schlängelnden Weg hinan und stand, ehe ein Stundenviertel verging, vor dem Kastell.

An das zertrümmerte Thor gelehnt fand er einen betrunkenen Walachen.

— Wo ist mein Vater? wo meine Verwandten? wo meine Geliebte? schrie er in wahnsinniger Verzweiflung und schwenkte das Schwert über seinem Haupte, um den Walachen niederzuhauen.

Dieser sank auf's Knie und flehte, er solle ihm nichts zu Leide thun, nicht er habe die Herren getödtet.

— Also getödtet habt Ihr sie! schrie der unglückliche Jüngling in seinem Schmerze auf und sank in erstickendem Schluchzen auf den Nacken seines Rosses. Weh mir! weh mir!

Mittlerweile waren auch seine Gefährten herbeigekommen und sie wollten den Walachen niedermetzeln.

— Lasset ihn — sprach der Jüngling. — Stehe auf! Führe mich hin, wo sie begraben liegen. Alle getödtet! Keinen Einzigen ließen sie leben! keinen Einzigen! O verflucht sei der Tag, der nach solcher Nacht noch am Himmel emporsteigt!

Der Walache führte sie an einen hohen Hügel und erzählte zitternd, wie man die Gemordeten alle da begraben.

Der letzte Sprößling der unglücklichen Familie sank, wie wenn ihn der Schlag getroffen hätte, lautlos vom Pferde hin an das Grab seiner Theuern.

Seine Freunde hoben ihn auf und legten ihn auf das Gras hin, dort wo dies am wenigsten blutig war, dann begannen sie an demselben Orte zwölf Gräber zu graben.

Grabet dreizehn, — ächzte Imre. Grabet auch mein Grab!

Dann öffneten sie das große Grab und entfernten Imre mit Gewalt von demselben. Was er dort gesehen hätte, würde ihn wahnsinnig gemacht haben.

— Alle getödtet! — schluchzte er. — Keinen Einzigen haben sie am Leben gelassen! . . . .

Nach kurzer Zeit trat einer seiner Gefährten zu ihm und berichtete, daß man im Grabe nur eilf gefunden.

— So muß Einer leben! schrie der Jüngling mit

einem bleichen Hoffnungsstrahl im Auge. — Wer fehlt? Sprich, ist ein junges blondlockiges Mädchen unter ihnen?

Der Gefragte ward um eine Antwort verlegen.

Ich weiß nicht, — sagte er endlich.

— Du weißt nicht? fragte der Jüngling verwundert. — So gehe hin und sieh' nach.

Der Angeredete wollte den Auftrag nicht gehört haben.

— Geh' hin und sieh' nach, — trieb ihn der Jüngling abermals an.

— Kein Einziger hat ein Haupt. . . .

— Ach! — stöhnte der Jüngling, schlug beide Hände vor's Gesicht und warf sich abermals weinend auf die Erde hin.

— Warum fragst Du? Warum wolltest Du das wissen?

Da bestürmten denn die jungen Männer den Walachen mit der Frage, was er von dem Mädchen wisse. Der stellte sich Anfangs betrunken und wollte sie nicht verstehen, als sie ihm aber Furcht einjagten, dabei jedoch versprachen, ihn leben zu lassen, gestand er, daß man sie in eine Kutsche gehoben und in das Gebirge hinein gefahren habe, wo man um sie würfeln werde.

— Ich gehe, — sprach der Jüngling, sich plötzlich entschlossen aus seiner verzagten Lage erhebend, — ich gehe!

— Wohin? fragten ihn die Gefährten.

— Sie suchen. — Zieh' Dein Kleid aus, — sprach er zum Walachen gewendet, — und nimm das meinige dafür. — Eilends warf sich Imre in die einfache Leinwand-Csuha des Walachen und verbarg seine Pistolen in dessen breitem ledernem Gurte.

— Wir folgen Dir, — ermunterten ihn seine Freunde; — wir werden sie mit den Waffen in der Hand suchen von Dorf zu Dorf. Wir werden Dich begleiten und schützen.

— Das taugt nichts. Ich gehe allein. Allein finde ich sie leichter. Gott mit Euch! Wenn ich nicht wiederkehre, rächet mich. —

Dann wendete er sich zum Walachen: — Mensch! In Deinem Ledergurte da habe ich ein Medaillon gefunden, das meine Großmutter am Halse zu tragen pflegte und welches mich in Dir einen ihrer Mörder vermuthen läßt; aber ich versprach Dir, daß ich Dir nichts zu Leibe thun lassen würde, empfange Dein Leben als Geschenk aus meiner Hand. Haltet ihn nur so lange gefangen, bis ich die Berge dort hinter mir habe, damit er seinen Gefährten nicht meine Ankunft im Voraus verrathe.

Hiermit nahm er Abschied von den Freunden, warf noch einen Blick auf die eilf neuen Grabeshügel, auf das brennende, zerstörte Stammhaus und schlug dann den Weg ein, der in das düstere Innere des Waldes führte, um seine Geliebte, das silberblonde Mädchen, aufzusuchen.

* * *

Die Reif bringenden Nächte des Herbstes rötheten die Blätter der Bäume, die ganze Gegend sah aus, als hätte man sie in Blut gewaschen.

Zwischen steilen Felsen führte der Weg den Jüngling hin, kaum blickte hie und da zwischen den Felswänden ein Fleckchen des blauen Himmels durch, die von den Felsabhängen sich herabbeugenden Bäume schienen jeden Augenblick niederkrachen zu wollen. Ihre langen, dicken Wurzeln hingen trocken herab an der glatten Felswand, wie rothe Stricke, nur hie und da klammerten sie sich an einer bemoosten Felsspalte fest.

Tosend stürzte aus der Ferne der Felsbach nieder, da und dort die zusammengetragenen dürren Blätter anhäufend. Als der Jüngling über des Baches schmale Brücke ging, schien sie aufzuschreien, als wollte sie sagen: Kehr' um und fliehe, wohin Du fliehen kannst!

Tief inmitten der Wildniß, in zerrissenem Thale ist ein verstecktes Dorf sichtbar. Man bemerkt kaum, wo wohl ein Weg in dasselbe führt.

Die Häuser blicken nur hier und da durch die Bäume, als ob Diejenigen, die sich hier niedergelassen, überall nur so viel vom Walde ausgerottet hätten, als man Platz braucht zu einem Hause, das Uebrige auch ferner Wald sein lassend; nur hoch über dem Dorfe ist auf hervorragendem Felsen aus großen schweren Steinen ein Felsenschlößlein gebaut, zu dem nur ein versteckter Fußsteig führt.

Der Jüngling schien diesen Weg schon zu kennen, denn er ging gerade auf ihn zu.

Vor einem der Felsen steht ein Heiligenbild. Vor dem kniete und betete ein Walache. Mütze und Sense lagen neben ihm.

Als der den Nahenden bemerkte, stand er auf, ergriff seine Sense und vertrat ihm den Weg.

Imre zeigte ihm kaltblütig die Paßfura.

Der Walache beguckte sie von allen vier Seiten, dann nickte er gutheißend: Kannst gehen; hierauf legte er wieder Sense und Mütze neben sich, kniete nieder und betete.

Vor dem Felsenschlößlein blieb der Ankömmling stehen und pochte an dessen Thüre.

Ein Walache erschien und sagte ihm, der Decurio sei nicht zu Hause, bloß seine Gattin sei da.

— Des Decurio Gattin? fragte erstaunt der Jüngling.

— Ja, das ist jene bleiche Fata, die durch's Loos ihm zugefallen.

— Und die ist seine Gattin?

— Er selbst hat's uns gesagt und dabei hoch betheuert, daß er Denjenigen, der ein Auge auf sie zu werfen wagt, zum heiligen Niklas ins Paradies sendet.

— Könnte man das Frauenzimmer nicht sehen?

— Ich rathe Dir's nicht, daß Du sie begaffst, denn der Decurio spaltet Dich, wenn er's erfährt; sie pflegt bei dem hintern Fenster des Hauses herauszusehen. Geh' hin, wenn Du willst, aber bevor Du dies thust, laufe ich weg von hier, damit man mich mit Dir nicht finde.

Der Jüngling ging hinter das Haus und blickte durch das Fenster.

Dort saß das kleine Mädchen auf einem aus Birkenzweigen zusammengefügten Armsessel, vor ihr lag das kleine Gebetbuch.

Sie war so schön, so bleich.

— Jolánka! lispelte der Jüngling in leidenschaftlichem Tone.

Das Mädchen schrak auf bei dem bekannten Tone. Sie sah hin, erblickte den sehnlichst Erwarteten und stürzte mit einem Freudenschrei zum Fenster. — Komm' herein, ich öffne Dir die Thüre, sie ist von innen verschlossen, — stammelte sie außer sich, während der Jüngling ihre dargereichte Hand mit Küssen bedeckte. Die Thüre öffnete sich, der Jüngling trat ein, der gaffende Walache aber stahl sich zum Fenster und sein Haar sträubte sich, als er sah, wie das Mädchen dem Ankömmling um den Hals fiel, während dieser sie heiß an sich drückte und mit süßen Worten überhäufte.

Der Walache lief, was er konnte, den Decurio aufzusuchen, und als er diesen auf dem Heimwege fand, erzählte er ihm athemlos, daß ein Bauer in seine

Wohnung eingebrochen sei und mit der geraubten Fata liebte.

— Wie so weißt Du das? fragte ihn Numa kaltblütig.

— Ich hab's durch Dein Fenster gesehen.

— Und wie wagst Du durch mein Fenster zu sehen, hab' ich's nicht verboten? Knie nieder, bete! Erbleichend sank der Walache ins Knie und faltete die Hände.

— Rebell! Du verstießest gegen meinen Befehl. Dafür gebührte Dir der Tod. Wenn Du Jemandem von dem Geschehenen ein Wort erzählst, sollst Du Deiner Strafe nicht entgehen.

Hiermit verließ er den Berichterstatter, der lange brauchte, bis er sich von seinem Erstaunen erholte, und selbst dann noch, als sich der Decurio schon längst entfernt hatte, lag er noch dort auf den Knieen mit gefalteten Händen, und von dem Tage an sprach er mit Keinem ein Wort, damit er nicht irgendwie sein gefährliches Geheimniß verrathe.

Der Decurio eilte hinauf in seine Wohnung, und als ihm die Liebenden entgegengeeilt kamen, blieb er an der Schwelle stehen und blickte den Jüngling mit stillem Vorwurf an.

— Warum mußtest Du so spät eintreffen!

Der Jüngling reichte ihm die Hand, aber der Decurio nahm sie nicht an. — Auf meiner Hand klebt das Blut Deiner Familie, — sagte er leise; — Du ließest Schande über mich kommen und Trauer über Dich.

Das Haupt des Jünglings sank auf seine Brust, seine Hand fiel wie gelähmt nieder.

— Nimm an seine Rechte, bat in süßem Tone das Mädchen den Decurio, und dann sagte sie zu Imre: — Er hat Dich gerettet und mich gerettet, er wird auch unsere Familie retten.

Imre blickte erstaunt auf das Mädchen. Der Decurio zog ihn abseits und brummte:

— Sie weiß nicht, daß sie gestorben sind, sie war damals anderswo, und unbekannt ist ihr das Geschick der Familie. Ich habe sie damit getröstet, daß sie Alle leben und nur gefangen sind. Nie erfahre sie die Schrecknisse jener Nacht; wehe uns beiden, daß wir sie nicht abgewendet!

— Aber früher oder später wird sie es doch erfahren.

— Nie. Ihr müßt fort aus diesen Gegenden, fort aus diesem Lande, ihr müßt hinaus in die Türkei.

— Ich will nach Ungarn gehen.

— Thu' das nicht, glaub' mir und geh' nicht hin, schlimme Tage warten auf Jene, die da wohnen. Eure Propheten sehen sie nicht, aber ich sehe sie, ich weiß sie gewiß. . . . Geht nach der Türkei, ich gebe Euch Pässe, mit denen Ihr über die Moldau und Walachei könnt. Hier in diesem Beutel ist Geld für Euch, Ihr könnt damit zurückgezogen zwar, aber doch glücklich mit einander leben. Nehmt nicht Anstand, es anzunehmen: es ist dies vom Schatze Eurer Eltern, von welchem ich zehn Männerantheile bekommen. Versprecht mir, daß Ihr nicht nach Ungarn geht.

— Ich verspreche nicht, wenn ich nicht sicher weiß, daß ich es halten werde, aber wenn ich's für gut befinde, werde ich Deinem Rathe folgen.

Numa ergriff die Hände der beiden Familienmitglieder, und nachdem er ihnen lange ins Auge geblickt, fragte er in tiefem, gefühlvollem Tone:

— Ihr liebet einander?

Jene nickten stumm bejahend.

— Ihr werdet glücklich sein?

— Ja, glücklich!

— Ihr werdet Euer Unglück vergessen?

Die Unglücklichen erwiderten schluchzend: Ja!

— So geht. Gott geleite Euch auf Euern Wegen. Nehmt dieses Geld, diese Pässe. Geht, je früher, desto besser; nehmt den Weg nach Sachsenland, Kronstadt, überall wird man Euch passiren lassen, und seht nicht einmal zurück, ehe Ihr nicht meinen könnt, daß Ihr keine Spitze dieser Berge mehr erblickt. Geht. Nehmt nicht Abschied, kein Wort. Vergessen wir einander.

Die Liebenden machten sich auf den Weg. Der Decurio blickte ihnen nach, so lange seine Blicke sie erreichten; und als sie ihn schon nicht mehr hören konnten, rief er ihnen noch nach: Geht nicht nach Ungarn!

Inzwischen stellte sich die Nacht ein, der Decurio legte sich auf sein mit der Bärenhaut überzogenes Bett, auf welchem jüngste Nacht das kleine silberblonde Mädchen und vorjüngste Nacht ihr junger Geliebter schlief. Aber als ob sie seinen Schlaf mitgenommen hätten, war er nicht im Stande, auf dieser Stätte die Augen zu schließen.

Er ging hinaus und breitete in der offenen Thüre die grobe Kotze aus. Er fühlte etwas in seiner Brust, das ähnlich war der Freude, der Zufriedenheit, es war ein zartes, edles Gefühl. Und es wollte kein Schlaf auf seine Augen kommen. Bis Mitternacht betrachtete er von seiner Lagerstätte aus die Sterne des Himmels, von welchen dann und wann einer ausflog.

Fern, sehr fern in der melancholischen Nacht wurden zwei Schüsse hörbar. Am Himmel flogen zwei Sterne zugleich aus.

Der Decurio gedachte der beiden Liebenden, und es that ihm so wohl zu denken, daß sie nun glücklich seien.....

. . .

Der Mond wandelte schon hoch am Himmel, als den Decurio schwere Tritte aus seinem Schlafe aufpolterten.

—Was gibt's? fragte er, sich von seinem Lager erhebend.

Fünf bis sechs Walachen standen vor ihm, unter ihnen Lupuj.

—Wir haben zwei Feindesköpfe gebracht, — sprach Lupuj, einen finstern, verletzenden Blick auf den Decurio werfend. Bezahle den Preis für sie. — Mit diesen Worten holte er zwei Köpfe aus seinem Tornister und legte sie auf die Kotze des Decurio.

Die Walachen forschten mit scharfen, verdachtvollen Blicken in den Gesichtszügen ihres Führers.

Beim Mondlichte erkannte Numa die Köpfe Imre's und Jolánka's.

Kein Zug verrieth in seinem Antlitz, was er in diesem Augenblick im Innern fühlte.

— Du kannst sie kennen, — sprach der Walache. — Das ist das durchgegangene Herrnsöhnlein, das, während Du nicht daheim warst, die Fata da holen kam und mit ihr auch Dein Geld Dir stahl, ja was mehr, Dir auch Pazsuren gestohlen hat.

Der Decurio fragte mit kaltem, gewöhnlichem Tone, wer sie wohl getödtet habe.

— Keiner von uns, — erwiderte der Walache. — Als wir auf sie losstürzten, holte der Fratye*) zwei Pistolen aus seinem Ledergurte und erschoß mit dem einen die Fata, mit dem andern sich selbst.

— Ihr wart Alle zugegen?

— Ja, und auch mehr noch.

— Geht zurück. Sagt auch den Uebrigen, daß sie herkommen. Das Geld, welches Ihr bei den Flüchtlingen gefunden, werde ich unter Euch vertheilen.

---

*) Freund = frater.

Eilet! Kein Einziger soll wegbleiben. Wenn Einer nicht mitkommt, wird sein Theil unter den Anwesenden vertheilt.

Jauchzend und springend entfernten sich die Walachen.

Der Decurio schloß die Thüren zu, dann warf er sich auf die Erde neben die beiden abgeschnittenen Köpfe hin, küßte diese hundertmal und weinte wie ein Kind.

—Ich hab's Euch gesagt, geht nicht nach Ungarn! — rief er in bitterem Vorwurfe. Warum habt Ihr mir nicht gehorcht, warum auf meine warnende Stimme nicht gehört?

Und er schluchzte über dem Haupte seines Feindes mehr, als wenn es das seines Vaters gewesen wäre.

Dann stand er auf, seine Augen flammten. Er richtete sich empor, wie eine Felseneiche, und seine furchtbare Faust drohend schüttelnd, rief er in wuthheiserem Tone:

—Czine mintye*)! —

Einige Stunden später versammelten sich die Wa=

---

*) = tene mente! (denke daran). Der Ueberf.

lachen vor seinem Hause. Sie mochten fünfzig bis
sechzig zählen. Lauter wilde, entsetzliche Gesichter!

Der Decurio hüllte die beiden Köpfe in ein Tuch
und legte sie auf's Bett, dann öffnete er den Walachen
die Thüre.

Lupuj trat zuletzt ein.

— Verschließe die Thüre, damit nicht Jemand
hereinkomme, — sagte der Decurio zu ihm, dann ließ
er die Menge einen Kreis bilden und blickte sie ein=
zeln nach der Reihe an.

— Seid Ihr Alle da?

— Kein Einziger fehlt.

— Haltet Ihr Euch Alle für würdig, an der Beute
Theil zu nehmen?

— Alle!

— Warst Du's wirklich, der jenen greisen Mann
niedergeschmettert hat? fragte er, sich an Lupuj wen=
dend.

— Ich selber war's.

— Und Du warst es wirklich, der jenen Mann
rücklings durchbohrte? fragte er einen Andern.

— Du hast wahr gesprochen, Führer.

— Und Du hast wirklich alle Weiber im Kastell
niedergemacht? — redete er einen Dritten an.

—Ich lüge nicht, wenn ich es behaupte.

—Und Ihr Alle, Alle, wie Ihr da seid, vom Ersten bis zum Letzten, könnt Euch rühmen, daß Ihr gemordet, gebrannt und geraubt habt?

—Alle! Alle! schrien sie, sich in die Brust werfend.

—Lügt nicht! Seht, Eure Weiber stehen da am Fenster und hören, was wir reden; sie werden Euch verrathen, wenn Ihr nicht wahr redet.

—Wir reden wahr!

—Gut, — antwortete der Führer, näherte sich ruhig seinem Bette, setzte sich auf dessen Rand, enthüllte die beiden Köpfe und blickte sie an, dann griff er in seine Brust und fragte:

—Was habt Ihr mit ihren Leibern angefangen?

—Wir haben sie in Stücke gerissen und auf der Landstraße zerstreut.

Die Brust des Decurio ward immer beengter.

—Habt Ihr heute schon gebetet? fragte er endlich mit ganz verändertem Tone.

—Noch nicht, Führer! Was soll das? antwortete Lupuj.

—Nun so betet, denn das ist der letzte Morgen, den Ihr herantagen seht!

—Führer! bist Du bei Sinnen? was willst Du thun?

—Was ich thun will? Säubern will ich das romanische Volk von den Räubern, Meuchelmördern und Mordbrennern! Elende Ihr! nicht Ruhm, Schande habt Ihr unsern Waffen gebracht! Während der Held auf dem Schlachtfelde kämpfte, habt Ihr, Räubergesindel, Weiber und Kinder gewürgt; während die Tapfern vor den Kanonen standen, habt Ihr die Häuser der Schlafenden überfallen. Ihr müßt ausgelöscht werden aus den Reihen der Söhne des romanischen Volkes. Fallt auf's Knie, des Todes schrecklicher Engel steht vor Euch. Betet!

Diese Worte waren schon mit den dröhnenden Tönen eines Erdbebens gesprochen. Der Decurio war die kalte, blutlose Bildsäule nicht mehr, eine flammende Gluthgestalt schien er zu sein, die gekommen war, die Völker mit ihrem Hauche zu verheeren.

Die Walachen standen erstarrt um ihn, und draußen liefen die Weiber kreischend von den Fenstern weg.

Der Walache zog eine Pistole aus seiner Brust und ging auf das Pulverfaß los.

Brüllend stürzten sich die Walachen auf ihn, ein Schreckensschrei der Verzweiflung wurde einen Augenblick lang hörbar, dann machte ein Krachen die Erde zittern und die Felsen beben, und in der himmelan schließenden Flamme, die in einem Blitze zerstob, sahen die aufgeschreckten Bewohner zwischen nach allen Seiten hin fallenden Steinen und Pfosten zerrissene Menschengestalten fliegen.

An der Stelle der Wohnung des Decurio war nur eine aufgewühlte Grube sichtbar.

. . . . Die Sonne stieg strahlend herauf und lächelnd zog sie den Himmel entlang.

. . . . Von den Bäumen sank das letzte Laub.

. . . . Von den dreizehn Mitgliedern der Familie Bárdy lebte kein einziges mehr.

* * *

Meiner Hand entsinkt die Feder, meinem Herzen bangt's.

Ich wollt', ich könnte es glauben, daß dies Alles nur Phantasie wäre, nur die ungeschlachten Schreckgestalten der fieberhaften Träume eines gefolterten Hirnes.

Ich wollt', ich könnte sagen: Glaubt nicht, was ich Euch erzählt, entsetzt Euch nicht davor, das Alles ist ja nur Gedicht, nur ein Alptraum. Wir erwachen und sehen keine Spur von ihm.

———

Die Gattin des Gefallenen.

I.

Das zwei und vierzigste Bataillon und die polnischen Rothkäppler waren allein auf dem Schlachtfelde zurückgeblieben.

Die Uebrigen sind entflohen.

Nur ein Nationalgarde-Hauptmann blieb von seiner fliehenden Kompagnie zurück, er riß sein Porte-épée ab, ergriff eine weggeworfene Flinte und stellte sich in die Reihe der Kämpfenden als Gemeiner.

Und es ertönte das stürmische Lied, das Lied des polnischen Soldaten:

>   Jáczi táczi vojaczi,
>   Klapczi Krakoviaczi,
>   Cservena csapiczka,
>   Moja kobaniczka!

(Diese Soldaten da,
Krakauer Jünglinge,
Diese Rothkäppler sind
Meine Geliebten!)

Und mitten darunter tönte Kanonendonner und Pferdegetöse und des Feindes Hurrahgeschrei.

Und weiter, weiter zog singend das polnische Häuflein, — und wurde es eingeholt von seinen Verfolgern, wendete es sich um, gab Feuer und stellte sich das Bayonett fällend zum Kampfe.

Dann zog es wieder weiter, ruhig, sein stürmisches Schlachtlied singend; die Kanone donnerte, die Rosse stampften, die Kugel pfiff.

Wenn das kleine Häuflein nicht widersteht, wird das ganze Heer vernichtet.

Es allein hielt den nachsetzenden Feind auf, dem zehnmal so Viele keine Stunde lang widerstehen konnten.

Sie kämpften bis spät Abends, Wunden erhielten sie genug, aber sie hatten noch keinen Todten.

Jetzt stürmt die feindliche Reiterei mit wüthendem Angriff auf sie ein; die Schlacht gleicht dem Tosen der felsenstürmenden Woge, die an einander geschlagenen Schwerter und Bayonette klingen und klirren, die

Kämpfenden jagen um sich Staubwolken auf, nur die Spitzen der Fahnen sind sichtbar.

Die Staubwolken legen sich; das Häuflein zieht unangefochten weiter, die nachsetzende Reiterei wendet der Ruf der zum Rückzug blasenden Trompete, das Schlachtfeld bleibt leer.

In der blauenden Ferne sieht man noch das Dahinziehen eines fliehenden Heeres, wie einen dunklen Wolkenschatten, der dahintreibt auf den Feldern, gejagt von verfolgenden Winden.

Im niedergetretenen Grase bleibt ein hingesunkener Mann allein zurück, — sein sterbendes Antlitz ist zum Himmel gewendet, im gebrochenen Sterne seines Auges spiegelt sich der traurige Glanz der Dämmerung.

Den himmelblauen Dolman entlang fließt das rothe, warme Blut; über das männlich schöne Antlitz hin zieht des Todes frostige Blässe.

Noch einmal will er sich vom Boden erheben, — er vermag's nicht, er sinkt zurück, es entsinkt das Schwert seiner matten Hand.

— O Hermine! — seufzt er den Namen seines letzten Gedankens und neigt das Antlitz ins Gras, und mit der ausgestreckten Hand sein Schwert suchend und mit den sterbenden Lippen „Hermine" flüsternd, — stirbt er.

Es ist der Garde-Kapitain.

Und in der Ferne, in der grauenden Nacht tönt, immer mehr verhallend, das stürmische Schlachtlied:
—Jáczi táczi vojaczi,
Klapczi Krakoviaczi
Cservena csapiczka
Moja kohaniczka.........

II.

Seit der verlorenen Schlacht bei Budamér war ein Monat verflossen.

Der magyarische Feldherr lag in Schemnitz, — sammt seinem ganzen Heere umringt.

Auf vier Seiten versuchte er durchzubrechen, auf allen vier Seiten war ihm der Weg versperrt, — nirgends ein Ausweg.

Als er das vierte Mal die Schlacht versuchte, wäre er bald dort geblieben. Sein theuerster Freund wurde an seiner Seite erschossen, unter ihm schoß man das Pferd weg; ein Husar sprengte dann hin zu ihm, erfaßte ihn an der Hand, riß ihn auf und zog ihn mit Gewalt vom Schlachtfelde.

Als er in seinem Quartiere angekommen war, machten ihn seine Offiziere darauf aufmerksam, daß sein Csako durchlöchert sei.

Er nahm diesen vom Haupte, besah ihn, — zwischen Kokarde und Sturmband hatte die Kugel den Csako durchbohrt.

— Warum nicht eine Spanne tiefer! sagte kummervoll der Feldherr, und nach den mühevollen Tagen und Nächten sank er auf sein Lager hin, um wachend zu träumen.

Um Mitternacht weckte ihn ein wachthabender Offizier, meldend, daß eine Dame ihn augenblicklich zu sprechen wünsche.

Der Feldherr stand auf, er brauchte sich nicht erst anzukleiden, denn er schlief immer in den Kleidern, dann winkte er, daß man eintreten könne.

Die gemeldete Dame trat ins Zimmer.

Sie trug ein schwarzes Kleid, Trauerflor am schwarzen Hute; ihr Antlitz war kummervoll, blaß.

Ihre schöne, edle Haltung, ihre ernsten, regelmäßigen Züge, ihre von großen, dunkeln Brauen beschatteten Augen waren dem Feldherrn so bekannt.

Ja, der durchdringende Blick dieser dunkeln Augen, der Alabaster dieser Stirne, diese Lippen, dieses

Antlitz selbst sind lauter bekannte Erscheinungen längstverflossener Zeiten; neu an ihr ist nur der Kummer und auf der Stirn zwischen den beiden Augenbrauen eine lange, erzwungene Falte, die dem ganzen Gesichte so ein drohendes, so ein Unheil verkündendes Aussehen gibt.

Der Feldherr ging auf sie zu. Die Dame konnte lange nicht sprechen.

— Du besuchst mich, Hermine, in dieser verfluchten Stunde?

— Ich will mit Ihnen sprechen, — sagte die Dame kalt, sich ruhig in den Armsessel niederlassend, den ihr der Feldherr angeboten.

Ihr gegenüber blieb der Feldherr stehen, mit gekreuzten Armen starr der aufschauenden Dame ins Auge blickend.

Das Antlitz Beider war so bleich.

— Arthur, — begann nun die Dame mit voller, aber kalt klingender Stimme, — wir haben uns lange nicht mehr gesehen. Damals waren wir noch Kinder und spielten mit Blumen .... mit Blumen damals, jetzt mit Leben und Tod. Sie sind sehr alt geworden, ich noch älter. Sehen Sie, ich bin Wittwe.

—Das wird meine Gattin auch bald sein, unterbrach sie der Feldherr bitter.

—Mein Gatte fiel in der Schlacht, — fuhr die Dame fort, — auf freiem, ehrlichem Schlachtfelde, aber ich habe ihn nicht beweint; — denn ich weiß, wofür er gefallen. — Seine Leiche habe ich mit schwerem Gelde erkauft; — als man ihn, mit einem Mantel bedeckt, in mein Haus brachte, zitterte ich, ob er wohl verstümmelt sei? vielleicht sein Haupt abgehauen, sein Antlitz verunstaltet? Nichts von all' dem. Man hatte ihn ganz gelassen. Jeder Zug seines Antlitzes war ein vom Tode gesiegeltes Zeugniß, daß er muthig, heldenmäßig gefallen ist. Er hatte nur eine einzige Wunde, auch die vorn — auf der Brust. — Nur meinen Ring fand ich nicht an seinem Finger, meinen Trauring, den er damals ansteckte, als er mit mir vor den Altar trat, und seitdem nie ablegte. Es sind kaum einige Tage, seit ich diesen Ring am Finger eines Menschen erblickte. Ein junger Offizier von den Kroaten quartierte sich bei uns ein, an dessen Finger erblickte ich meinen Trauring.

—Er mag ihn von einem Soldaten gekauft haben.

—Nein. Er sagte, daß er ihn einem Manne abgenommen habe, den er umgebracht.

—Sagteſt Du ihm nicht, daß jener Mann Dein Gatte war?

—Kein Wort. Der Offizier iſt ein ſchöner, junger Menſch, ſein blaſſes Antlitz täuſcht den ihn Anſchauenden mit einer ſcheinbaren Sanftmuth, ſeine matten, blauen Augen verrathen das Feuer nicht, das in ihm brennt.

—Du haſt Dich verliebt in ihn?.....

—Er in mich. Er überhäufte mich mit Schmeicheleien, geſtand mir ſeine Liebe, er iſt vernarrt in mich.

—Und Du wirſt ihn heirathen?.....

—Ich werde ihn tödten.....

—Das Handwerk verſtehſt Du nicht, armes Weib.

—Wahr.. Hätte ich Kraft gehabt, ich hätte es längſt thun können, er ſtand vor mir, er ſchlief in meinem Hauſe, ich hätte, um in ſein Zimmer zu kommen, es nur zu wollen gebraucht, im Schlafe hätte ich ihn tödten können; aber das Alles iſt vergebens, ich vermag es nicht. Und doch will ich, daß er ſterbe.

—Wenn er ein braver Soldat iſt, kann ihm das ſehr bald paſſiren.

—Aber ich will nicht, daß er als braver Soldat

sterbe; — nicht des Ruhmes, meinetwegen muß er sterben; nicht auf dem ruhmvollen Schlachtfelde, — am schrecklichsten Heerde des Todes: auf dem Richtplatze muß er sein Leben enden.

—Arme Frau, der Schmerz hat Deinen Verstand verwirrt.

—Herr General, Sie waren ein guter Freund meines Gatten! —Arthur! wenn ich sage, ich will Rache für das vergossene Blut meines Gatten, muß ich den weit suchen, der diese Rache übe?

—Hermine! komm' doch zu Dir. Ich achte Deinen Schmerz, Deinen Gatten ehrte ich, und wenn ich in diesem Augenblicke Einzelne bedauern könnte, möchte ich ihn beweinen, aber konntest Du je denken, daß ich mit einem ganzen mir anvertrauten Heere keinen andern Beruf kenne, als irgend Einen, und wenn es mein bester Freund, mein Bruder, mein Vater wäre, zu rächen? und den Bewegungen meines Heeres nur der Gedanke zu Grunde liege, daß ich den Mann, der ihn getödtet, suche, verfolge? Und selbst wenn ich ihn endlich fände, könnte, dürfte ein ehrlicher Soldat einen ehrlichen Soldaten deshalb tödten lassen, weil er in der Schlacht, auf offenem Schlachtfelde den getödtet, den ich liebe? Du kannst

9*

das thun, weil Du Weib und Gattin bist, ich nicht, weil ich Soldat und Feldherr bin.

— Sie halten mich für wahnsinnig, Herr General! — sprach die Dame, ihr großes, dunkles Auge erhebend; — ich wollte nicht, daß Sie jenen Menschen aufsuchen. Ich werde ihn herbringen. Ich werde ihm selber Ursache verschaffen, daß Sie mit Fug und Recht ihn dem Kriegsgesetze gemäß tödten lassen können. Und wenn mein Plan auch ein Jahr lang dauern sollte, nach einem Jahre müßte er gelingen. Ich brächte Ihnen den Mann her, würde Ihnen erzählen: Der hat das und das verschuldet! Ihr Kriegsgericht spräche im Sinne der Kriegsgesetze das Urtheil über ihn aus, Sie müßten nur den Stab über ihn brechen und es aussprechen: Bei Gott ist Gnade. — Ihm dann sagen, wenn er sterben geht: Nicht ob dieser Deiner Vergehn stirbst Du so, ich bin's, die Dich tödtet, für das vergossene Blut Ihres Gatten, — das wäre dann meine Sache.

— O Hermine! wie glücklich bist Du in Deinem Hasse. Du hast Racheplane für ein ganzes Jahr..... nach einem Jahre, wo werden wir seyn? Wer wird von uns übrig bleiben?

— Wenn wir nicht mehr sein werden, hören wir

auf zu fühlen, und das ist mir auch recht. Ich zittere vor dem Tode nicht, aber so lange ich lebe, vergesse ich nicht.

—Gute Hermine! Du hast mir genug gesprochen von Deinen Leiden, laß' mich nun allein mit den meinigen, ich liebe es weniger von ihnen zu reden. Auch ich habe Todte, und zwar sehr viele, und werde noch mehr haben.

—Ich verlasse Dich nicht. Ich weiß Alles, was mit Dir geschehen. Du bist umringt und mußt Dich entweder ergeben oder sammt dem Heere zu Grunde gehen. Drei Nächte hindurch streifte ich durch's Lager des Feindes, bald als Marketenderin, bald als Bauernmädchen, einmal sogar als Mann verkleidet. Von allen Seiten sind Dir die Wege verschlossen. Gestern, als man Dich an der Brücke zurückschlug, hattest Du noch Glück, Du wärst dort zu Grunde gegangen, Du kannst den Bergpaß nicht hinaufziehen. Das Defilée bei Szélakna ist so mit Kanonen besetzt, daß Du dort die Hälfte Deines Heeres verlieren und doch nicht durchkommen kannst; aber wenn Du den Batterien daselbst in den Rücken kommen könntest, wäre jenseits der Weg ganz frei, denn von dort bis zum Branyiszkóer Berge ist keine einzige Ortschaft besetzt. Du brauchtest nur etwa zwei Bataillone und einige Sechspfünder in den Rücken der das Defilée schützenden Batterien zu schaffen.

Der Feldherr lächelte bitter.

—Durch die Luft, nicht wahr?

—Nein, unter der Erde.

Die Dame hatte diese Worte so ernst gesprochen, daß das Lächeln des Feldherrn nach denselben ausblieb.

—Ja, unter der Erde. Ich erinnere mich, daß wir, als ich in meinen Kinderjahren im Geburtsorte meiner Mutter mit meinen kleinen Gefährtinnen in dieses Gebirge spielen ging, in der Seite des Berges oft einen tiefen unteritdischen Tunnel fanden, an dessen Mündung wir häufig Versteckens spielten. Einmal machten böse Buben Jagd auf uns; meine Gefährtinnen liefen nach allen Winden, ich aber floh in die Grubenmündung. Einige Buben liefen mir nach und schreckten mich in der Höhle drin. Ich ging noch tiefer; ein niedriger, aber hinreichend breiter Gang dehnte sich vor mir aus und ich ging immer tiefer ins Innere. Das Geschrei der Buben hörte ich fortwährend, die wiederhallende Höhlung machte mir dasselbe noch furchtbarer und ich lief im Finstern, den Athem zurückhaltend, umher tappend, über Gerölle und kothige Erdschollen hin. Vor der Finsterniß und der Einsamkeit fürchtete ich mich weniger als vor den schreckenden Knaben, und deshalb ging ich immer vorwärts. Plötzlich schien es mir, als sähe ich Licht vor mir, weit, sehr weit blinkte ein dunkler Flimmer mir entgegen. Dem eilte ich zu. Das Licht schien mir immer näher zu kommen, das hereinschimmernde Außenlicht brach sich, gleich einem Silbernebel, Bahn in die dichte unterirdische Finsterniß. Nach beinahe einstündigem Laufen kam ich wieder an die freie Luft und ich glaube nicht, daß ich diesen Weg, damals aus Furcht so schnell gemacht, mich getrauen würde noch einmal zu machen.

Der Feldherr lauschte den Worten der Dame erwartungsvoll.

— Als ich ins Freie gekommen war, sah ich einen dichten, verwildert finstern Fichtenwald vor mir, aus dem ich nirgends einen Ausweg fand. Weinend setzte ich mich auf einen umgestürzten Baum nieder und dort fanden mich Arbeiter aus den Hammerwerken, die mich auf einem kleinen Umweg in ein Dorf führten. — —

—Der Name jenes Dorfes?... unterbrach sie ungeduldig der General.

—Szélakna.....

Das Antlitz des Feldherrn schien zu brennen, seine Augen glänzten, er trat zur Frau hin, drückte ihr die Hand, umarmte sie.

—Sprich, rede weiter! sprach er und seine Lippen bebten vor Freude.

—Mein Großvater, der Professor, dem ich's erzählte, anstatt daß er mich, wie ich befürchtete, gestraft hätte, schien sich über die Entdeckung sehr zu freuen, und so viel ich mich erinnere, sagte er triumphirend: Das wird der „Kuruzensteg" sein, durch welchen Franz Rákóczy II. (in den Ihrigen ähnlichen Umständen) sein cernirtes Heer unter der Erde fortführte. Solche verlassene Bergwerkshöhlen findet man auch anderswo; es sind dies die sogenannten Erbschächte, die das Recht haben, daß sie von den Erträgnissen der über ihnen befindlichen Bergwerke ein Zehntheil erhalten müssen, weil sie die Wasser der ersteren ableiten; die aber dieses Recht verlieren, wenn ein noch tiefer liegender Schacht im Berge gehauen wird; dann werden sie verlassen, vergessen, was aber auch dann geschleht, wenn die über ihnen befindlichen Bergwerke keinen Ertrag mehr bieten.

—Und Du bist der Meinung, daß außer Dir kein Mensch diesen Tunnel kennt?

—Die Oeffnung — ja, aber das weiß Niemand, daß er bis ans andere Ende des Berges führt, denn jenseits des Berges ist die Oeffnung ganz verschüttet, so daß man sie von außen gar nicht bemerkt. Mein Großvater hat diese Entdeckung aus —den Gelehrten so sehr eigenthümlicher— Eifersucht bis an sein Lebensende geheim gehalten.

—Könntest Du mich hinführen?

—Ich kam, damit ich dies thue. Nicht um Sie mit meinen Klagen zu langweilen, sondern um Sie zu retten, bin ich gekommen. Gehen Sie mit mir.

Die Dame schlug ihren Mantel um; der Feldherr gürtete sein Schwert um. Zwei Ordonnanzoffiziere folgten ihnen in der Ferne mit brennenden Fackeln, und so schritten sie dahin in der Winternacht.

Die Erde war weiß, der Himmel schwarz. Die Gegend war stumm nach lärmender Schlacht.

III.

Mit sicherer Ortskenntniß führte die Dame den Feldherrn an die besprochene Stelle.

Sie gingen neben einander, eilend, düster; ihre Unterhaltung bestand bloß aus einzelnen, kurzen Worten.

Bei einer Bergwindung blieb die Dame stehen, nahm dem einen Begleiter die Fackel aus der Hand, gab die des andern dem Feldherrn und winkte den Begleitern, daß sie zurückgehen sollten.

Der Feldherr blickte sie fragend an.

—Ich will nicht, — sprach die Frau lispelnd, — daß Jemand diesen Ort kenne, ehe Du in Sicherheit bist.

—Aber das sind meine vertrautesten Leute.

—Ich traue Keinem.

—Aber Du, eine Frau—und mit mir allein.

Die Dame blickte mit erhabenem Schmerze den Feldherrn an. — In diesem schwarzen Kleide! sprach sie aufseufzend.

—Und in dieser schwarzen Stunde!— setzte der

Feldherrn hizu, und dann gingen Beide ohne Begleitung in die Tiefe des Thales, zwischen den mit gefrornem Schnee bedeckten Bäumen, in der weglosen Schneewüste, voran die Dame, hinter ihr der Feldherr; die lohende Fackel warf ein wildes Licht auf ihre düstern Gesichter.

Im Kessel der Bergwindung, in eine kahle Bergwand gehauen, gähnte die verrottete Schachtmündung.

Verwildertes Gesträuch überwucherte die Oeffnung, grünes Gras sproßte darin, so weit der Strahl der Sonne reichte. Im Winter bedeckt sie der Wind mit Schnee.

Die Oeffnung ist kaum von mehr als Menschenhöhe, ihre Seiten sind schräg, wie die Thürseiten egyptischer Gebäude, und vorn mit zusammengekerbten Balken gefüttert.

Die Dame trat zuerst in den Tunnel, mit ihrer schönen, weißen Hand die hinderlichen, bereiften Stauden abseits biegend; — ihr folgte der Feldherr. Durch den herabgelassenen Schleier der Dame blitzten ihre großen, dunkeln Augen.

—Die Höhlung ist ein wenig vernachlässigt, es ist schwer in ihr fortzukommen, — sprach die Wittwe, —aber wo so viele Hände zu Gebote stehen, kann man sie binnen einigen Stunden wegbar machen. Der Gang ist auch für Kanonen breit genug.

Und sie drangen immer tiefer ins Herz des Berges, voran die Dame im schwarzen Gewande, mit lohender Fackel, hinter ihr der Feldherr im grauen Mantel. An manchen Stellen war es da im Eingeweide der Erde so warm, wie in schwülen Sommermittagszeiten; dort brauste wieder das unterirdische Wasser wie ein Platzregen nieder, die Kleider der unter ihm Hingehenden durchnässend.

In der Mitte des Tunnels sah man den Schachtbrunnen, eine tiefe, sehr lange, brunnenförmige Kluft, die hinaufreicht in unendlicher Höhe, wie ein riesiger Schornstein, ganz hinauf bis zur Spitze des Berges; und ihre Oeffnung daselbst sieht da unten, in der Tiefe von mehrern Hundert Klaftern, wie ein viereckiger Stern aus; dann geht die Kluft wieder abwärts hundert und hundert Klafter tief in das erzerzeugende Eingeweide der Erde; — die Triebstange der Mühle, der schwere Pflugbalken ist jetzt noch sichtbar, welcher den Strick auf und nieder zog, an dem die Bergknappen in die Grube fuhren oder wieder aufstiegen, oder die Steine der rohen Erze in großen, harten Fellen hinaufgezogen wurden.

Die tiefe Oeffnung steht ganz unverdeckt neben dem Gange.

Die Dame blickte schaudernd hinab.

—Als ich das erste Mal da durchging, bemerkte ich das nicht; — wie leicht hätte ich hinabstürzen können.

Weiterhin floß ein Bächlein über den Gang.

—Dies war damals auch nicht da; — man hatte es gewiß früher oben durch einen Kanal geleitet, der mag nun verdorben sein, und der Bach brach sich hier eine Bahn.

Die Dame konnte nicht durch's Wasser gehen, der Feldherr hob sie auf seine Arme, sie neigte sich auf seine Schulter.

Das Antlitz Beider war so düster, so bleich.

Einst, — vor langer Zeit, — wären ihre Wangen bei solcher Gelegenheit nicht so bleich gewesen, aber das schwarze Kleid und die schwarze Stunde!....

Jenseits des Baches stellte der Feldherr die Dame wieder nieder. Bald darauf erreichten sie das andere Ende des Tunnels, das ganz verfallen war. Der Feldherr mußte mehrere große Steine aus dem Wege wälzen, damit sie hinaus konnten, und da sahen sie

sich in der Mitte eines verwildert finstern Fichten=
waldes.

Aus der Ferne hörte man das Geschrei der die
Runde machenden Wachtposten des feindlichen Heeres.

Der Wald war so finster, daß man nicht durch=
blicken konnte.

—Jetzt Gott mit Ihnen, ich gehe weiter, sprach
die Dame, dem Feldherrn ihre Hand entgegenstreckend.

—Wo denkst Du hin, Hermine? In diesem
Walde, in solcher Nacht.....

—Es ist dies nicht mein erster Gang in solcher
Zeit, auf solchem Wege. Nicht weit von hier wohnt
ein Müller, der mich gut kennt, den werde ich aufsu=
chen, bei ihm werde ich Bauernkleider anziehen und
weiter gehen.

—Warum so eilend?

—Sie haben's schon vergessen, ich aber nicht,
daß ich im Hause meines Gatten einen Mann zurück=
ließ, der meinen Gatten getödtet; zu dem eile ich.
Gott mit Ihnen!

— Ich lasse Dich nicht allein gehen, Hermine, ich
werde Dich bis hin begleiten oder wenigstens bis
zum Ende des Waldes.

—Vergessen Sie nicht, daß sie Führer von zwan=

zigtausend Menschen sind, die Sie befreien müssen und zwar eilends. Gott mit Ihnen! Wir werden uns noch öfters treffen.

Das geheimnißvolle Weib entfernte sich nach diesen Worten eilends und allein in den Wald, selbst die Fackel löschte sie aus, die sie mit sich genommen, und verschwand dann zwischen den dichten Bäumen, deren Laubwerk in der winterlichen, weißen Welt allein ein zürnendes, gramvolles Grün behalten hatte.

Der Feldherr blickte der sich Entfernenden lange nach, dann wendete er sich um, durcheilte den unterirdischen Gang, und noch dauerte die lange Winternacht, als er in seiner Wohnung ankam.

Augenblicklich ließ er alle seine Pionniere ausrücken, das Heer aufstellen, und nachdem der unterirdische Gang mit bewunderungswürdiger Schnelligkeit wegbar gemacht worden war, schickte er die Besten seines Heeres durch denselben voraus.

Der verlassene Schacht hallte wider von ungewöhnlichem Getöse, die seit Jahrhunderten hier wohnende Finsterniß wurde durch eine ungewöhnliche Helle aus ihrem Neste gejagt. Die von den Fackeln rechts und links geworfenen Schatten erschienen allenthalben wie gestaltlose Gnomen, die mit drohendem Fluge in den Rissen der harten Felswand verschwanden.

Der Feldherr und alle Offiziere leuchteten den Arbeitern mit Fackeln, und so wie die Pionniere voran die Felsen und Erdwürfe ebneten, folgten ihnen auch schon die schwer rollenden Kanonen, welche fünf bis sechs Pferde auf dem sumpfigen Boden kaum im Stande waren fortzuziehen; die Soldaten selber schoben sie an den Radspeichen weiter, wenn eine hie und da stecken blieb.

Noch währte die endlose Winternacht und schon hatten die Besten des Heeres mit einigen Kanonen den Tunnelweg zurückgelegt. Der dichte Fichtenwald verbarg sie vor dem Blicke des feindlichen Heeres.

Und als der Tag zu grauen anfing, setzte sich das wackere Heer von der Seite der Stadt her auf der Landstraße nach Szélakna in Marsch.

Der Feind erwartete ihren Angriff ruhig in seiner festen Position.

Aber nach dem ersten Kanonendonner erschien in seinem Rücken das durch den Tunnel gezogene Corps, und das cernirende Heer, damit es nicht zwischen zwei Feuer gerathe, war genöthigt, eine Bewegung aus der

Flanke zu machen, weg von der Landstraße, und so dem wackern Heere freien Weg zu gönnen.

So befreite der Feldherr sein Heer, als Jeder dies schon verloren glaubte.

Sein Glücksstern begann damals am Himmel zu leuchten.

IV.

Die Wittwe kam in ihrer fern gelegenen Wohnung an.

Aber um dessentwillen sie kam, den jungen Stabsoffizier fand sie nicht mehr da.

Eine Heeresbewegung setzte ihn eine Station weiter, und die in ihr Haus eintretende Wittwe fand daselbst außer einem Bündel gemeiner Soldaten auch einen Subalternoffizier in ihrem Zimmer, der die Eintretende barsch mit der Frage anfuhr: was sie da suche?

—Ich bin die Frau dieses Hauses, antwortete sie trocken.

—Sehr wohl, sagte der Lieutenant, ich habe eben Ordre erhalten, die Frau, sobald sie ankommt, auf die nächste Station zu senden.

—Ordre? Von wem und weshalb?

— Von demselben Major, der vor mir hier war und der mein Vorgesetzter ist; weshalb? darauf kann ich nicht antworten, das ist meine Sorge nicht.

Die Frau widersprach nicht, sondern befahl sogleich dem Fuhrmanne, der sie hierher gebracht, daß er sie nach dem bezeichneten Orte fahre, dem Lieutenant aber übergab sie die Schlüssel von ihrem Zimmer, mit sarkastischer Kälte bemerkend: —Wenn Sie schon mein Haus in Beschlag genommen haben, tragen Sie zugleich Sorge für mein Eigenthum.

Der Lieutenant rief drei Grenadiere und befahl ihnen, sich auch mit auf den Wagen zu setzen.

—Wozu das? fragte die Frau mit verletztem Stolze.

— Sie werden Sie begleiten, Madame.

— Geschieht das im Sinne des Befehls? fragte die Frau mit scharfer Betonung.

—Es ist so Brauch, Madame! erwiderte der Offizier und schlug die Thüre hinter sich zu.

Die Grenadiere setzten sich in den Wagen neben und gegenüber der Frau.

Sie war leichenblaß, selbst ihre Lippen waren

weiß vor Wuth, aber sie schwieg und verrieth nicht, was in ihr vorging.

Auf dem Wege begann sie mit den Grenadieren zu sprechen, alle drei waren Polen; — sie sprach mit ihnen viel von sonderbaren Gegenständen, kühnen Ideen, von großen, wunderbaren Thaten. Die Grenadiere hörten ihr aufmerksam zu, schauten und staunten sie an und staunten sie immerfort an; — unbewußt saugten sie von Augenblick zu Augenblick das verführerische Gift ein, das die Worte der Frau ihnen reichten, und als der Fuhrmann in einer Ortschaft vor dem Wirthshause hielt, um seine Pferde zu füttern, fragten ihn die drei Grenadiere, in welcher Richtung die ungarischen Heere stünden?

Und alle drei wurden Ueberläufer!

Die Frau blieb allein. Auch sie hätte durchgehen können, wenn sie Lust gehabt hätte. Aber sie that es nicht; wenn sie jener Mann auch nicht gerufen hätte, sie hätte ihn aufgesucht. Sie ließ sich nach der bezeichneten Ortschaft fahren, dort bezahlte sie den Fuhrmann und sendete ihn zurück, der auch hinging, woher er gekommen, nach Hause, in seine Heimath im dritten Komitate, und nach seiner Abfahrt konnte der Dame Niemand beweisen, wie sie hierher gekommen.

Hermine suchte den Major auf, zu dem sie gesendet wurde. Mit einem Gesichte, in dem keine Spur des Zornes war, trat sie bei ihm ein, und als sie an seinem schönen, jugendlichen Gesichte die ungewöhnliche Kälte, die zurückweisende Strenge bemerkte, that sie, als wäre sie erschrocken darüber, und fragte ihn bebend: Herr Major, Sie zürnen mir?

Man hätte glauben sollen, dieses Weib habe jetzt Furcht, zittere, während sie doch den Anfang machte zur Ausführung jenes Planes, der den Gegenstand ihrer Rache verderben sollte.

— Madame, — sprach der Major mit erzwungen kalter Stimme, Sie werden verzeihen, daß ich Sie hierher bringen ließ, aber die Pflicht . . . . . .

— Erlauben Sie mir, Sie haben mich nicht hierher bringen lassen, ich bin freiwillig hierher gekommen.

Der Major ward betroffen.

— Und hat Sie nicht mein Offizier hergesendet, den ich in ihrem Hause zurückließ?

Die Dame lächelte, erröthete, schlug die Augen nieder . . . . Alles Berechnung . . . .

— Ihr Offizier hat mich allerdings gesendet, aber nicht hierher. Er that mir zu wissen, daß Sie mich fortbringen lassen wollten, und redete mir zu, mich irgendwo und zwar an einem solchem Orte zu verbergen, den nur er wissen würde. Da ich aber bemerkte, daß der Mann mich mit sehr sonderbaren Blicken anäugelte, wollte ich mich lieber Ihnen als ihm anvertrauen.

Der Major schlug wüthend mit der Faust auf den Tisch. — Augenblicklich holt mir den Lieutenant!" rief er seiner Ordonnanz zu ... Wäre jener in diesem Augenblick gegenwärtig gewesen, der Major hätte ihn vielleicht durchbohrt. Ungehorsam gegen seine Befehle, Bündniß, Einverständniß mit derjenigen, die er gefangen nehmen sollte, das Alles ist Grund genug, um den Zorn des Vorgesetzten zur Vergeltung zu reizen, um wie viel mehr, wenn die Flamme dieses Zornes noch von der aufgestachelten Eifersucht angefacht wird!

Solche Bewegung wußte die Frau durch einige Worte zu erwecken.

— Sie sind also allein gekommen? fragte sie der Major, aber nicht mehr mit kaltem, gezwungenem Tone, sondern leidenschaftlich aufgeregt.

— Ganz allein, wie Sie sehen.

— Und was bewog Sie, doch herzukommen?

Die Frau faltete ihre Hände und warf solch' ver=

führerischen, solch' lächelnden, solch' zur Hölle locken=
den Blick auf den Soldaten!

— Und Sie könnten es nicht errathen?

Der Soldat war ganz hin von dem Himmelszau=
ber dieses Blickes. — Dieses betäubende Lächeln,
dieser sinnverrückende Glanz in den großen, schmach=
tenden Augen ließen ihn vergessen, daß Angeklagte
und Richter einander gegenüber standen. Er sank hin
zu den Füßen des Weibes, bedeckte ihre Hand mit
Küssen und konnte sich ihrem lächelnden Blick nicht
entwinden.

Hätte er auf der Stirne dieses lächelnden An=
tlitzes jene drohende, gerade Falte gesehen, die kalt
und unveränderlich über das Bühnenspiel der lügne=
rischen Gesichtszüge wachte, ...

— Aber vor Allem bitte ich Sie, — sprach die
Dame, sich affectirt zurückziehend, — reden wir von
dem, weshalb sie mir zürnen, weshalb Sie mich,
wenn ich nicht freiwillig gekommen wäre, mit Ge=
walt hätten herbringen lassen.

Der Major warf sich schäfernd auf's Sopha hin
und zog die Dame neben sich nieder, indem er sprach:

— Wären Sie weniger fähig, etwas zu errathen,
als ich?

— Aber ohne Scherz, eine Ursache, einen Titel muß es doch geben, um mich aus meinem Hause durch Befehl herrufen zu lassen.

— Sie waren lange nicht zu Hause, und die Leute sagten, daß Sie sich im Lager der Ungarn als Spion aufhielten. Ich hatte also das Recht, Sie einzuziehen und zur Rede zu stellen..

— Die Leute haben wahr gesprochen.

— Wie? sprach der Offizier betroffen und blickte wieder ernst in das Antlitz des Weibes.

Aber kein Zug desselben veränderte sich.

— So ist's, ich komme von dort. Das wissen die Leute ganz recht. Nur das wissen sie nicht recht, für wen ich spionire? ob für die Kaiserlichen oder für die Magyaren?

Der Major fing an Verdacht zu schöpfen.

— Madame, es thäte mir außerordentlich leid, wenn ich Sie auf Behauptungen ertappen würde, die mir den Gedanken aufzwängen, daß Sie nicht immer Wahrheit sprechen; — es ist besser, wenn wir nicht mehr davon sprechen. Denn möglich, daß jene traurige Pflicht, die mir Ihre lange Abwesenheit zu rächen befehlen würde, stärker wäre, als jene Freude, die mich Ihre Anwesenheit feiern läßt.

— Ich will, daß wir davon sprechen. Sie haben doch gewiß auch noch andere Spione, nehmen Sie die Berichte derselben zur Hand und sehen Sie, ob ich nicht wahr sprechen werde.

— Gut, ich werde Sie nur Eins fragen, — sprach der Major, in ein zusammengelegtes Papier blickend: — Auf welcher Seite rüstet sich das revolutionäre Heer in Schemniß am stärksten zur Vertheidigung?

— Auf keiner, — es ist nicht mehr dort.

Den Major machte diese Antwort betreten.

— Hat er sich doch Bahn gebrochen gegen Kremniß?

— Durchaus nicht, — er ging gen Szélakna.

— Aber das ist unmöglich! — rief der Offizier, mit der Hand auf's Papier schlagend. — Der da schreibt, daß ihm bei Szélakna solch eine Macht entgegensteht, daß er dort die Hälfte seines Heeres verlieren kann, wenn er durchbrechen will.

— Ihre Spione sind Taugenichtse! — sprach die Dame, indem sie ihm das Papier aus der Hand nahm und es zerriß. — Der revolutionäre Feldherr ist, ohne einen Mann verloren zu haben, auf der Landstraße abgezogen, am hellen, lichten Tage beim Schalle der Musik. Seitdem wird er unter Branyiszkó sein.

— Das ist Unsinn, ist Unmöglichkeit!

— Die dortigen Befehlshaber haben dasselbe gesagt, als ich sie im Voraus warnte. Ich wußte es gewiß, daß der Feldherr durch einen Marsch über das Gebirge dem Szélaknaer Cernirungskorps in den Rücken fallen wollte; aber die Herren Befehlshaber glaubten ihren officiellen Spähern mehr, die den Scheinangriff auf Körmöez berichtet hatten.

Der Offizier war aus seinem Staunen noch nicht herausgekommen, als ihm ein Courier Depeschen brachte, die ihm wörtlich das anzeigten, was ihm die Dame so eben gesagt hatte.

— Habe ich wahr gesprochen? fragte mit triumphirendem Antlitze das Weib.

Der Offizier reichte ihr die Hand.

— Und wissen Sie nicht, wie sie entkommen sind? — fragte er die Dame.

— Ich glaube, auf den Bergwegen, — antwortete sie unschuldig.

— Unter der Erde! Durch den Berg!

— Wunderbar! sagte sie, ihre Hände zusammenschlagend. — Fast unglaublich!

Und in den Zügen des Weibes war das Staunen, die Ueberraschung so lebensgetreu ausgedrückt.

Wer hätte es zu ahnen gewagt, daß eben sie es war, die diesen Weg dem Feldherrn entdeckt hatte?

Der Major fühlte sich klar überzeugt, daß die schöne Frau nicht nur für das Interesse seines Herzens, sondern auch für das der Sache, welcher er diente, gewonnen sei; — die Unterhaltung begann immer wärmer zu werden, die Frau scherzte, kokettirte, der junge Offizier schmiegte sich immer näher an sie, erst küßte er ihr bloß die Hand, dann schloß er den Arm um ihren schlanken Leib; — das Alles geschah jedoch nicht ohne Widerstand. Endlich vermochte er die vollen rothen Lippen der Dame nicht mehr zu sehen, ohne daß er sich etwas Süßes dabei gedacht hätte; — jeder Blick der bezaubernden Augen machte ihn noch trunkener, er schmiegte sich noch näher an sie, — als plötzlich eine barsche Stimme an seinem Fenster laut ward, die Thüre sich öffnete und der gerufene Lieutenant gewaltig vertraulich eintrat.

Wer immer jetzt eingetreten wäre, hätte aus ganz natürlichen Ursachen auf einen mürrischen Empfang rechnen können, — wie viel mehr der fragliche Lieutenant, in welchem der Major einen ungehorsamen Untergebenen und, was mehr, einen heimlichen Nebenbuhler zu erkennen vermeinte.

— Kommen Sie ins andere Zimmer! — fuhr ihn mit zürnender Stimme der Major an, und nachdem jener ihm in den Nebensaal gefolgt war, begann er ihn mit einer furchtbaren Vorlesung über Subordination und Pflicht zu regaliren, und über jene Fälle, die als Verrath gelten.

Der Lieutenant riß vor Erstaunen Mund und Augen auf, und sich einigermaßen nach der vertrauten Situation orientirend, in welcher er seinen Major neben der hergesendeten Dame fand, glaubte er sich mit nichts besser gegen die noch unbekannte Anklage vertheidigen zu können, als wenn er versicherte, daß er der fraglichen Dame gegenüber sich stets einer ausnehmenden Zartheit und Höflichkeit beflissen.

— Eben das ist ja Ihr Vergehen! Sie hatten nicht die Weisung höflich, sondern die — streng zu sein.

Der Offizier war verlegen. Er glaubte, daß man wegen Vernachlässigung der Strenge eben nicht habe klagen können.

— Sie ließen die Angeklagte, die ich einziehen ließ, ganz allein zu mir kommen.

Der Offizier behauptete, daß er sie in Begleitung von drei Grenadieren hergesendet habe.

Der Major wurde wüthend. — Die Dame selbst wird dies am besten beantworten, — sagte er.

— Dieser Herr sagt, daß er Sie in Begleitung von drei Grenadieren hierher gesendet.

Die Dame antwortete kaltblütig: — Ich wüßte wahrhaftig nicht, wozu die Begleitung gewesen wäre, da ich aus eigenem Antriebe hierher gekommen.

— Madame, Sie scheinen sich mit mir necken zu wollen, — brach der Lieutenant aus; — Sie murrten noch gegen mich, weil ich die Grenadiere auf Ihren Wagen aufsitzen ließ.

— Wenn die Sache so stünde, fände ich keine Ursache, dies zu läugnen, im Gegentheile, ich versichere Ihnen, daß ich Klage gegen Sie erhoben hätte.

— Aber ich sage auf mein Ehrenwort, daß es wahr ist, was ich gesprochen.

— Wenn wir Beide die Wahrheit unserer Aussagen behaupten, werden wir nie erfahren, wer Recht hat. Ich bin allein hierher gekommen, das ist gewiß; wenn Sie aber behaupten, daß Sie mich mit Begleitung hierher gesendet, so rufen Sie doch die drei Mann her, deren Obhut Sie mich anvertraut, die werden am besten beweisen.

Der Lieutenant ward gewaltig verlegen. Er

fühlte, daß er Recht habe, und sah, daß man doch das Gegentheil beweisen werde.

— Wahrhaftig, man findet seitdem jene drei Mann nirgends.

Die Dame lächelte höhnisch.

— Sie werden doch nicht behaupten, daß ich Ihre drei Grenadiere auf dem Wege umgebracht und in den Graben an der Landstraße eingescharrt habe?

Der Major unterbrach sie zürnend:

— Gehen Sie, — sprach er zum Lieutenant, — Ihre drei Grenadiere haben nie existirt. — Sie werden vor ein Kriegsgericht gestellt.

Die Dame spielte gleichgültig mit einer vom Tische genommenen Feder, als ob sie diese Sache ferner gar nicht interessiren würde.

Hätte sie den Lieutenant wegen der Beleidigung angeklagt, die er ihr zugefügt, sie hätte keine Genugthuung bekommen, so aber, da sie das schroffste Gegentheil davon behauptete, erreichte sie ihren Zweck vollkommen.

V.

Während der langwierigen Feldlagerungen konnte man oft, bald da, bald dort, bald im magyarischen Lager, bald unter den östreichischen Heeren ein und

daſſelbe Weib ſehen, das unausgeſetzt eine andere Geſtalt annehmend, bald als Marketenderin, bald als Bäuerin, bald als junger Mann erſchien und, wenn ſie bemerkt wurde, auch ſchon verſchwunden war...
Wenn man Verdacht gegen ſie ſchöpfte und ſie verfolgte, zu welchem Ende ihre Perſonbeſchreibung circulirte, war ſie es ſchon nicht mehr, die man ſuchte; eine andere Geſtalt, ein anderes Geſicht, ein anderer Paß, gar keine Aehnlichkeit mehr mit der frühern Perſon.

Später pflegte es ihr zu paſſiren, daß man ſie erwiſchte, bald bei den Kaiſerlichen, bald bei den Revolutionären, und doch konnte ſie ſich trotz der unzweifelhafteſten Zeugenausſagen überall heraushauen; — in derſelben Stunde, in welcher ſie eingezogen wurde, war ſie auch ſchon wieder in Freiheit geſetzt.

Am Ende wurde ſie von beiden Heeren für die eigene Späherin gehalten und ſo ging ſie frei von einem Lager ins andere. Sie blieb an keinem Orte länger als eine Stunde, ſprach nie mit mehr als Einem Menſchen, Schriften fand man nie bei ihr. Man konnte es ihr nie beweiſen, daß ſie auch dem Feinde Dienſte erweiſe.

Ihre Berichte waren immer pünktlich und erſchöpfend für beide Theile.

Daß die Kaiſerlichen von dieſen Berichten doch

so wenig Nutzen ziehen konnten, kam daher, daß fast jeder der revolutionären Feldherren die Gewohnheit hatte, am Tage vor der Schlacht mit sämmtlichem Generalstabe über die Dispositionen zu selbiger Rath zu halten. Die Bemerkungen eines jeden Redners wurden mit Aufmerksamkeit angehört. Der mühsam ausgearbeitete Schlachtplan wurde schön abgeschrieben, vorgelesen, gebilligt und Tags darauf kein Buchstabe, kein Gedanke von dem ausgeführt, was dort geschrieben stand. Was aber die Berichte über numerische Stärke betrifft, so wurde von dem revolutionären Heere jede auf Zahlen basirende Wissenschaft zu Schanden gemacht, denn es gab da Bataillone, von denen eine Kompagnie in der Schlacht mehr wog als sonst ein ganzes Bataillon.

Hermine ging oft beim revolutionären Oberfeldherrn aus und ein, und der gab ihr nicht selten den ganzen Schlachtplan abgeschrieben, damit sie diesen dem Feinde übergebe; und da die Angaben der andern Späher mit den ihrigen übereinstimmend zwar, jedoch viel mangelhafter waren, wurde Hermine bald für den besten Späher gehalten.

Daß die Ausführung dem Plane nicht entsprach, das war natürlich ihre Schuld nicht.

An einem der nächsten Tage vor der zweiten Schlacht bei Szöny finden wir die Wittwe wieder im Quartiere des jungen Majors. Sie war eben gekommen.

— Sie kommen gerade recht, Hermine, — sagte der Major, die Dame vertraulich grüßend, — der Kriegsrath hat Sie heute für Ihre Berichte besonders gelobt.

— Große Ehre!

— Es wartet Ihrer jetzt eine große Aufgabe, welche die Krone Ihrer bisherigen Leistungen werden könnte.

Die Dame schwieg, anstatt zu fragen.

— Sie müssen für uns Komorn und die Szönyer Schanzen ausspähen.

— Dazu hab' ich kein Geschick. Das braucht einen wissenschaftlichen Mann, der in die Geheimnisse der Kriegsbaukunst eingeweiht ist. Was kann ich wissen, wozu diese oder jene Schanze soll? Und zeichnen kann ich schon vollends nicht. Mit solcher Sendung müssen Sie nur einen Ingenieur betrauen.

— Sie verzeihen, schöne Hermine, zu solcher Beschäftigung fühlt nicht Jeder Neigung; man muß hierzu vorzüglich berufen sein, eine eigenthümliche

Tollkühnheit besitzen und für den Fall, daß man erwischt wird, auch ein wenig Resolution.

— Nur ein Bißchen Geschicklichkeit, sonst nichts, die Magyaren sind nicht argwöhnisch.

— Das gebe ich zu, Hermine. Daß man leicht in Festung und Schanzen hineinkommen kann, ist wohl glaublich, aber damit noch nichts gewonnen. Dort jeden Ort durchwandern, aufzeichnen, — das ist die Aufgabe, und so etwas auszuführen, ohne daß es auffällt, — dazu bedarf es einer unerschöpflichen Erfindungskraft, welche außer Ihnen Niemand besitzt.

— So soll Jemand mit mir kommen, der die Sache versteht. Wie in der Fabel der Lahme und der Blinde, würden wir Zwei zusammen doch e i n e n Menschen ausmachen.

— Parbleu! Madame, Sie haben heute große Lust zum Scherzen, — der Mensch, der mit Ihnen zusammen spioniren ginge, müßte ein fanatisches Vertrauen zu Ihnen haben.

— Nun? Und fände sich kein solcher Mensch auf dieser Erde? — fragte das Weib, mit verführerischer Schmeichelei sich an die Schulter des Offiziers lehnend . . .

— Madame, Sie meinen mich? Mein Ehrenwort, das Geschäft ist nicht nach meinem Geschmacke. Ich stand schon achtmal im Kanonenfeuer, ich weiß, was es heißt, muthig sein, aber zu diesem Einen, ich gesteh's, habe ich keinen Muth.

— Das ist wahr, — sprach das Weib höhnisch, — dort genügt der Rausch auch, — während man hier der Nüchternheit bedarf.

— Ich bin sehr wählerisch unter den Arten des Todes. Als Soldat möchte ich gerne auf dem Schlachtfelde sterben, im Bette sterben ist langweilig, aber auf dem Richtplatze, Hermine, dort ist die Gestalt des Todes schrecklich.

— Die Gestalt des Todes ist auch mir schrecklich, aber der Mensch hat doch deshalb Vernunft, damit er sich hüte. — Das wissen Sie doch, daß mich die Magyaren für i h r e n Spion halten, und trotzdem geschah es oft, daß sie mich anhielten, aber sie fanden nie einen Buchstaben bei mir, der gegen mich jene Beschäftigung hätte bezeugen können, für die ich auf den Richtplatz geführt worden wäre.

— Wie konnte das geschehen?

— Sehen Sie bei mir diese goldene Uhr? Nicht wahr, Sie haben mich oft gefragt, wie viel Uhr es sei? aber Sie ließen es sich nie einfallen, daß dieses kleine goldene Geschmeide nicht nur die Stunde, sondern manchmal auch die Todesstunde zeigt. Sehen Sie her!

Und die Dame drückte an einer unsichtbaren Feder an der Seite der Uhr, die ging aus einander und aus ihrem hohlen Innern fiel ein Bündlein feiner, rundgeschnittener Papierstücke.

Hier trage ich die gefährlichen Notizen. Außer mir weiß Niemand diese Uhr zu öffnen, aber ahnt es auch nicht.

Der Offizier schien nachzudenken.

— Das können Sie nicht befürchten, — fuhr die Dame fort, — daß uns unsere eigene Ungeschicklichkeit verrathe, Sie könnten nur Einen Grund zur Zurückhaltung haben: wenn Sie glauben, daß ich Sie verrathen werde. In diesem Falle rede ich nichts mehr von der Sache.

— Gut, ich gehe mit Ihnen, — sprach der Major, — da sie seine schwächste Seite angegriffen hatte.

— Sorgen Sie für Verkleidung.

— Erst für's Losungswort. Die Verkleidung ist ein einfaches Bürgerkleid, das fällt am wenigsten auf.

Eine halbe Stunde später befand sich die Wittwe mit jenem Manne, der ihren Gatten getödtet, auf dem Wege ins ungarische Lager.

VI.

Spät Abends tanzten in einem der abgebrannten Gebäude Komorns die Honveds beim lustigen Schalle der Musik.

Irgend ein praktischer Mensch improvisirte ein Wirthshaus aus dem verwüsteten Saal. In der belagerten Stadt hatte Niemand Lust, sein abgebranntes Haus wieder aufzubauen. Unter den Trümmern wohnte, wer da wollte.

In einem Nebenzimmer, dessen Thüre in das Wirthshaus hineinging, saßen der verkleidete Major und die Wittwe ganz einsam und sprachen leise mit einander.

Der Major zeichnete mit Blei Notizen in das Innere der Uhr, die Dame machte ihn beim Schreiben bald auf dieses, bald auf jenes aufmerksam.

— Wie sonderbar wär's, — sprach plötzlich die

Frau, von ihrem Platze sich erhebend, — wenn Jene da draußen erführen, was Sie hierdrin treiben.

— Darin wäre nur das sonderbar, daß sie mir eine Kugel vor den Kopf jagen würden, — erwiderte der Major, ohne von seinem Schreiben aufzublicken.

— Und wenn ich da plötzlich hinausriefe: Hierher, Soldaten! Dieser Mensch da ist ein Spion!....

Der Major fuhr ärgerlich in die Höhe.

— Hermine, Ihr Scherz ist sehr unschicklich!

— Nun, — deshalb brauchen Sie mich doch nicht so anzuschnauben, — sprach die Dame halb scherzend; — lassen Sie mich sehen, was Sie schon geschrieben. — Mit diesen Worten nahm sie die Uhr in die Hand. — — Diese Uhr hat auch noch ein anderes Versteck.

— Lassen Sie sehen.

Die Dame schob eine kleine Goldplatte auf die Seite und im Innern der Uhr ward das Portrait eines Mannes in feiner Miniaturmalerei sichtbar. Er trug den himmelblauen Dolman eines Nationalgardisten mit langen Silberknöpfen.

— Wer ist dieser Mann?

— Und Sie kennen ihn wirklich nicht? — fragte die Dame scharf, wild in das Auge des Offiziers blickend.

— Das ist jener Mann, — rief sie nun mit zitternder Stimme, zu einer wild drohenden Gestalt sich emporrichtend, und ihre Wangen glühten, — das ist jener Mann, den Sie getödtet und dessen Trauring Sie jetzt noch am Finger tragen, den ich angebetet habe und noch jetzt anbete, — mein unglücklicher Gatte!.....

Der Offizier ward weiß wie die Wand. Er erstarrte vor dem tödtlichen Blicke dieser furchtbaren Frau. Er vermochte keinen Ton über seine Lippen zu bringen, er staunte sie nur an, er sah ihr zu, ohne etwas zu thun, ohne Widerstand zu leisten, als sie auf die Thüre losschritt..... Ihr erster Schritt war fest, ihr zweiter wankend...... beim dritten sank sie ins Knie; — sie legte ihre Hand auf die Klinke der Thüre und zitternd, mit leichenblassem Antlitze schaute sie zurück auf ihr Opfer, das noch immer regungslos dort saß, wie Einer, den der Schlag gerührt.

— Nur ein Wort von mir und Du bist gestorben,..... sprach das Weib in abgebrochenen Worten, indem sie heftig nach Athem rang.— Du bist verloren . . . . . Seit Monden arbeite ich Tag und Nacht mühevoll daran, Dich tödten zu können . . . . . jetzt habe ich Dich da . . . . . jetzt mag ich Deinen Tod nicht mehr . . . . . geh', flieh', rette Dich! . . . . . Ich brachte Dich her bis zur Schwelle des Todes, — wende Dich um, ich mag Deinen Tod nicht mehr . . . . . Gib her den Ring von Deinem Finger und geh'! . . . .

Der Offizier sprang auf und wollte sich durch die Thüre entfernen.

— Wahnsinniger, wo willst Du hin? Dein Antlitz wird verrathen, wer Du bist, — dort durch's Fenster — spring' hinab, schwimme durch die Waag. — Hab' Acht, daß man Dich nicht erwischt. — Ich mag Deinen Tod nicht. — Geh'! . . . . .

Der Offizier sprang durch's leere Fenster und mit Hast dahin eilend verschwand er bald unter den Trümmern.

Das Weib hörte zitternd, von Fieberhitze gequält, seine dahineilenden Schritte, und als diese verhallten, sank sie auf's Knie, ihre Thränen begannen zu strömen, sie schluchzte, hob ihre Hände empor, und als spräche sie mit unsichtbaren Himmelsbewohnern, stammelte sie:

— Biſt Du zufrieden mit mir? . . . . . Hab' ich ſo recht gehandelt? . . . . Billigſt Du's? . . . .

* * *

Einige Tage ſpäter lieferten ſich die feindlichen Heere unter den Schanzen Szöny's eine blutige Schlacht.

Bald hierher, bald dorthin ſchwankt das Glück, bis ſich endlich der magyariſche Feldherr an die Spitze der Seinen ſtellt und im Purpur=Dolman, mit we= henden rothen Federn geſchmückt, ſeine Huſaren, die ſchlachtgewaltigen, zum furchtbaren Sturme führt!

Ihm entgegen kommt die ſchwere Reiterei des Kaiſers.

Wie zwei Lavaſtröme nahen einander mit bren= nender Schlachtluſt die feindlichen Heere, voran die Offiziere an der Spitze der Ihrigen.

Plötzlich entwindet ſich den Reihen des Kaiſers ein Held, er ſprengt voraus, ſprengt los auf den magyariſchen Feldherrn. Beide gerathen an einan= der, eine lange Wunde bekommt am Haupt der ma= gyariſche Feldherr, der Ritter des Kaiſers ſinkt hin, eine Leiche, zur Erde. . . .

Im nächsten Augenblicke treffen auch die Heere zusammen. Mit furchtbaren Hieben rasen sie auf einander. Ihr entsetzliches Geschrei füllt Himmel und Erde.

Sie kämpfen lange und entschlossen. Der magyarische Feldherr geht voran im blutigen Kleide, mit blutigem Schwerte, blutigem Haupte, — als er umkehrt, gehört das Schlachtfeld ihm. Er läßt die Todten begraben.

Doch hebt man ihn ohnmächtig vom Pferde, seine Wunde ist tief, schwer, — nur die Schlacht hatte seinen Geist aufrecht erhalten.

Hermine eilt die Wunde des Feldherrn zu pflegen.

Bald brachte man auch den, der ihn verwundet hatte. Er war schon todt, eine gräßliche, schwere Wunde warf ihn zu Boden, die Rosse zerstampften ihn.

Hermine erkannte ihn.

Also war er dem Tode doch nicht entronnen.

Aber sein Tod war schön. Er fiel durch die Hand des magyarischen Feldherrn, im kühnen Kampfe, Wunden gebend und erhaltend.

Mit sinnendem Blicke betrachtete das Weib lange die beiden blassen Männer.

Welchen liebte sie? welchen haßte sie? Vielleicht keinen von Beiden, vielleicht Beide? Es erfuhr dies Niemand . . . . . .

Die zwei Bräute.

In Szolnok lebte eine Wittwe mit ihren zwei Töchtern; Rose hieß die eine, Anikó die andere.

Schwarzgekleidet war die Wittwe, rosenfarben ihre Töchter.

Seit zehn Jahren war sie Wittwe, seit zehn Jahren trug sie Trauerkleider; seit zwei Jahren waren die zwei schönen Mädchen Bräute, seit zwei Jahren trugen sie ihre Verlobungsringe.

Die Wittwe alterte von Tag zu Tage, nahm ab und näherte sich dem Grabe ihres Gatten; die zwei Mädchen wurden von Tag zu Tage schöner, heiterer und näherten sich dem Hochzeittage.

Die Geliebten Beider waren Soldaten, wackere, gute, treue Menschen. Sie lebten weit, im wüsten Auslande, und doch erhielten die harrenden Bräute jeden Monat von ihnen Briefe, voll von Hoffnung, voll von Liebe.

Jetzt waren schon zwei Monate verflossen, ohne daß die Mädchen Kunde bekommen hätten.

Sie werden gewiß selber kommen, dachten die schönen Bräute und beruhigten sich dabei.

* * *

Das gefolterte Jahr ging zur Neige. Es war schneidend kalt, des Jahres letzter Tag.

In solcher Zeit pflegen die Leute daheim zu sitzen, gehen ins Gotteshaus und danken dem Herrn der Tage für das hingenommene Jahr und bitten um Segen für das wieder kommende. Wenn's Abend wird, setzen sie sich in ihre warmen Zimmer, unterhalten sich, plaudern, spielen. Unter trauten Scherzen rückt die Mitternacht heran, und den ersten Uhrschlag im neuen Jahre empfängt das begrüßende Bechergeklinge...

Der letzte Tag des Jahres 1848 fand in Szolnok und auch wohl hieben und drüben im halben Ungarlande diese begeisterte Freude nicht.

Nicht der Dankbarkeit, des wüsten Schreckens Fest war's.

Den ganzen Tag, die ganze Nacht, ununterbrochen war das Rollen und Pfeifen der kommenden und gehenden Eisenbahnzüge hörbar. Im Bahnhofe blieben zu außergewöhnlichen Stunden gekommene Züge stehen, vollgepfropft mit Menschen, die erfroren, verkümmert, mit angst- und zweifelvollen Gesichtern aus den Waggons stiegen und nicht mußten, wohin sich wenden in der unbekannten, überfüllten Stadt.

Weiter hinten warf man von den Lastwagen allerhand herrnloses Gut hinab, für welches Niemand verantwortlich war. Es wühlte darin Klein und Groß, Jeder suchte vermißte Habe.

Noch weiter hinten waren auf unbedeckten Wagen große, schwere Kanonen sichtbar. Sie waren dort inmitten des Weges zurückgelassen worden. Um sie herum lagen hin und her geworfene Koffer, deren Schloß mit dem Reichssiegel verwahrt war, Kleiderstoffe, Waffen, Fässer und andere Dinge, die alle der Fürsorge der Vorsehung übergeben waren.

Und wieder und wieder kamen rollende, pfeifende Wagen, sie brachten wieder erfrornes, hungriges Volk, und viele der Anwesenden drängten sich zu den Aussteigenden. Mancher hatte Manchen zu erwarten, er lief an alle Wagen heran, fand nichts und blickte wieder traurig dem nächsten Zuge entgegen.

Schwerttragende, schwerfällige Männer stiegen

aus; verhüllte, bereifte, frostgeröthete, zitternde, frierende Frauen, zähneklappernde Kinder an der Hand nach sich ziehend. Die Anwesenden bestürmten die Angekommenen und diese jene mit Fragen; — auf hundert Fragen Eine Antwort.

Dann und wann brachte der ganze Zug nur Soldaten, die trotz Hunger und Frost wilde Schlachtenlieder sangen, accompagnirt vom Rollen der dahinstürmenden Waggons.

Die Leute liefen hin und her, die besten Bekannten bemerkten einander nicht, Jeder war mit dem eigenen Leibe beschäftigt; — inmitten der großen, wimmelnden Masse war Jeder allein, Keiner half dem Andern.

In der Stadt gingen während dem die Neuangekommenen von Haus zu Haus und baten Leute, die trauriger als sie, um Herberge und etwas Warmes.

Wohllebengewohnte, hohe Herren, denen sonst kaum ein Palais genügte, fühlten sich jetzt wohl im ungedielten Zimmer einer rohrbedachten Hütte.

Alte Feinde, die neben einander in einem Lande nicht Raum hatten, schmiegten sich jetzt gebrochen im engen Zimmerchen an einander, und verzärtelte Damen nahmen mit Dank die Schlafstätte ein, welche ihnen ein fremder Mann überließ, während er sich auf die Erde bettete.

Dann rollten und pfiffen die Trains die ganze Nacht hindurch. Ihre rothen Feueraugen waren weithin sichtbar in der dunklen Nacht, und brausend stießen die Locomotiven den funkengemengten, schwarzen Rauch aus.

Hier und da blieb eine mitten im Wege stehen. Der heiße Dampf gefror in den Röhren, das Feuer erlosch in der furchtbaren Kälte und man mußte Feuer unter ihr anmachen, damit sie wieder losthaue. Zwei bis drei Hülfslocomotiven waren dann kaum im Stande, den Zug bis zur Station zu befördern.

Jenseits Szolnok aber polterten die langen, ununterbrochenen Wagenreihen der Flüchtigen dahin. Schlechte, schreiende Fahrzeuge, auf holperigem, gefrorenem Wege, beladen mit Gepäck, verhüllten Frauen, Kindern und Männern, an deren Schnurr- und Backenbärten die reifschwangere Kälte Eiszapfen großzog.

Bald auch kamen ganze Karavanen, zu Fuß, ärmlich gekleidet, mit schlotternden Schnappsäcken — das waren Leute aus den Waffen- und Rüstzeugfabriken.

Dann folgten große, schwere Eisenmaschinen, auf

hinfällige Wagen geladen, obenauf hockten Männer und Weiber, in Kotzen gehüllt.

Hie und da eine schwarze Kutsche, welche der endlosen Reihe der vor ihr hinklappernden, watschelnden, quiekenden Wagen nicht ausweichen konnte und gezwungen war, in langsamem Schritte ihnen nachzufolgen.

.... So war's am letzten Tage des Jahres.

Der erste Tag des neuen Jahres war nur eine Fortsetzung dieses trostlosen Bildes.

Die Trains kamen und gingen die ganze Nacht und den ganzen Tag hindurch und brachten wieder trübseliges, steifgefrorenes Volk, Gepäck, Wagen und große, schwere Kanonen.

Die gestern Gekommenen eilten weiter, die Neuangekommenen gingen von Haus zu Haus und baten um Herberge und warme Speise. Nur einige Harrende blickten den immerfort ankommenden Wagen entgegen, suchten und fanden nicht die Theuren, den Freund, den Herrn, oder das Gepäcke, und warteten wieder.

Jenseits, am andern Ufer der Theiß aber keuchen die unübersehbaren Wagenreihen der Flüchtigen dahin; hie und da ein mit Binsenmatten bedeckter Wa=

gen, wo die ihrem Gatten nachfliehende Mutter ihre Kinder ins Bettzeug eingepackt hält; die andern Wagen sind unbedeckt; es bläst der Wind und trägt den Schnee den Flüchtigen ins Gesicht. Die Armen waren fast erfroren.

Bekümmerte, muthlose, starre Gesichter flogen dahin von früh bis Abends und vom Abend bis zum Morgen, dahin in die ungastliche Wüstenei, wo eine Ortschaft von der andern eine Tagereise weit entfernt liegt, und wo die Wirthe aus den unterwegs befindlichen Gasthäusern frühzeitig sich aus dem Staube machten, als sie von dem Herannahen der Flüchtigen Kunde erhielten.

Und das ging so am zweiten Tage des Jahres, ging so fort am dritten, vierten und fünften.

Immer mehr, immer verzweifeltere Gesichter, furchtbare Kälte, furchtbares Schneegestöber, — zu Fuß gehende Schaaren, frierend, hungernd, mit in die Brust gesteckten Händen; und schwere, polternde Kanonen, bald da, bald dort auf dem durch den Schnee unkenntlichen Wege stecken bleibend.

Am sechsten Tage hatte das Hin- und Herrennen ein Ende! Auch der letzte Train war angekommen, er brachte nur noch kaum ein paar Menschen; auch die waren muth- und lautlos, aber kummervoll.

Wer die sehnlichst Erwarteten auch jetzt noch nicht ankommen sah, der machte sich kummervoll und verzagt allein auf den traurigen Weg. Die Kommissäre verließen den ihnen angewiesenen Wirkungskreis; was von Gepäck, Kanonen oder Vorräthen bis jetzt nicht befördert wurde, blieb zurück und Niemand kümmerte sich mehr darum.

Nach Verlauf einer Stunde hatte auch der letzte Wagen Szolnok verlassen, und die dann und wann zurückblickten, sahen nichts mehr als den sich hinwindenden schwarzen Weg auf der verlassenen weißen Pußte.

So sah es in den ersten Tagen des Jahres Eintausend achthundert neun und vierzig in Szolnok und wohl auch hieben und drüben im halben Ungarnlande aus.

* * *

Der letzte Flüchtling hatte früh Morgens die Stadt verlassen. Diese blieb still, ruhig die unbekannte Zukunft erwartend.

Um Mittag störte lauter Trommelschlag und Trompetenklang die Stille. Die ungarischen Heere zogen durch.

Ein entrüstetes, zürnendes Volk, zu Fuß und zu Roß, fluchend dem schlechten Wetter, dem Wind und dem Schnee, und der ewigen Retirade, und der ganzen rocktragenden Welt, die vor ihnen her alle Eßwaaren verschlungen.

Eine Stunde lang ruhte das Heer aus. Die herzlichen Bewohner theilten freudig ihren letzten Bissen mit ihnen und machten Feuer an, damit sie sich wärmen konnten nach den Mühseligkeiten so vieler Tage und Nächte.

Auch in das Haus der guten Wittwe trat rasch ein Husar, ein schlanker, schöner Junge, auf seinem rothen Csako einen doppelten Goldrand; sein schöner, schwarzer Schnurrbart war kraus aufgedreht, seine Wangen hatte der beißende Wind geröthet, und wie er es auch unterdrücken wollte, das unverbergbare Lächeln brach sich Bahn.

Und an dem Lächeln erkannten ihn Alle.

Die Wittwe und die beiden Mädchen riefen zugleich:

—Gábor!

Dann stürzten sie auf ihn los und umarmten ihn, die eine gefühlvoll, die andere lachend, die dritte lange und innig; — das war seine junge Braut, — Rose.

—Ich ahnte, daß Du kommen würdest. Ich hätte die ganze Woche schon weinen mögen. Wie lange bleibst Du bei uns?

—Vielleicht noch eine Stunde, mein Leben, mein Engel.

— Und wann kommst Du zurück?

—Vielleicht nie wieder.

Das Mädchen schmiegte sich weinend an die mit dem Ehrenzeichen geschmückte Brust ihres Bräutigams, — auch die Andere drängte sich an dieselbe und von dem Antlitze ihrer Schwester den Kummer weg= scherzend, fragte sie den jungen Husaren mit leisem, verschämtem Tone:

—Wo ist Robert?

—Abends, glaub' ich, wird er da sein.

—Warum kam er denn nicht mit Dir?

Der Husar lächelte.

—Ich flieh' vor ihm, er aber verfolgt mich.

Das Mädchen erblaßte.

—Vor einem halben Jahre hat er sich zu den

Kürassieren versetzen lassen, — erklärte der Husar seine Worte, — und jetzt kämpfen wir gegen einander.

Die beiden Bräute blickten entsetzt einander ins Auge.

—Ihr kämpft gegen einander! mein Verlobter gegen den Verlobten meiner Schwester. Das ist himmelschreiend! sprach bebend die Braut des Husaren.

—Und pflegt Ihr da nicht auch unser zu gedenken? — fragte die andere Schwester.

—Das ist das Geschick des Soldaten, Freundin!.. Lieben, glücklich sein, sich freuen, und wenn die Trompete ertönt, Liebe, Glück und Freude vergessen und an nichts Anderes denken, als an die harte Pflicht.

—Ach Gábor! Ihr dürft nicht gegen einander fechten, wir werden Einen von Euch verführen, daß er zum Andern übertrete.

—Das wird nicht gelingen, mein Kind. Ich kenne den Robert, er ist ganz so, wie ich. Der Soldat muß dort sein, wo er seine Fahne sieht. Wohin ihn die führt, dorthin muß er gehen, und ging es in den Tod, ging es gegen seinen Bruder. Das ist das Geschick des Soldaten.

—Und wenn Ihr Euch in der Schlacht trä-
fet?....

—Es fehlte wenig, daß dies nicht schon geschehen. Im Treffen bei Tétény waren wir schon kaum
fünfzig Schritt von einander entfernt, als wir uns
gegenseitig erkannten. Da riß er behend sein Roß
herum, auch ich wandte mich anderswohin, um ihm
auszuweichen. Wir suchten uns andere Feinde. Wir
kamen Beide blutig heim; wenn wir an einander gerathen wären, wäre Einer n i c h t heimgekommen.
D a s i s t d a s G e s c h i c k d e s S o l d a t e n.

—Und Du könntest ihn tödten?

—Eher mich von ihm tödten lassen. Darum liebe
ich das Handgemenge nicht, willkommener ist mir die
Kanone, willkommener die Kugel, — der Kanonier ist
glücklicher. Er sieht nie das Antlitz dessen, den er getödtet; er braucht sein Wehgeschrei nicht zu hören,
während ich häufig in der wüthendsten Schlacht,
wenn der Rausch des Ruhmes mein Hirn betäubte,
mich von dem niedergemachten feindlichen Kämpfer
beim Namen nennen hörte. D a n k D i r, B r u d e r,
rief er vom Pferde sinkend, er mochte wohl ein
Schulgefährte oder sonst ein Bekannter meiner jüngern
Jahre sein, vielleicht auch ein anderswohin versetzter

Offizier meines Regiments. So oft ich dann allein bin, tönt's mir immer ins Ohr: **Dank Dir, Bruder!**... Ach wie glücklich ist der Kanonier!....

Draußen vor dem Fenster ertönte die Trompete. Man blies zum Aufbruch.

Der Husar nahm Abschied, ein kurzes Wort, ein langer Kuß und eine die Wangen entlang rollende Thräne.... Im nächsten Augenblicke hielt er schon auf seinem stolzen Rosse an der Spitze seines Häufleins, und auf seiner Wange war keine Spur mehr weder von der Thräne noch vom Kusse.

Zum zweiten Male ertönte die Trompete. Das Häuflein setzte sich in Bewegung. Aus den Fenstern der Wittwe wehten ihnen weiße Tücher nach. Eine Stunde drauf war Szolnok wieder leer und blieb dies bis spät Abends.

* * *

Abends zog das kaiserliche Heer mit volltönender Musik in die verlassene Stadt ein.

Glänzende Kämpen mit Küraß und Helm auf schweren, gutgenährten Schlachtrossen.

Diese sorgfältig, ordentlich gekleidete Mannschaft

im Gegensatze zu dem vor ihr herziehenden, verkümmerten, an Allem Noth leidenden ungarischen Heere zu betrachten, hatte etwas Niederschlagendes, Drückendes.

Und dann noch die gute Laune, die stolze Freude, — während die Flüchtigen nur bittern Kummer, nur verwilderte Schwermuth im Antlitze trugen.

Zur Wittwe ließ sich ein Küraffier=Hauptmann einquartieren. Er ist der luftigste Geselle im ganzen Heere, der luftigste heute vorzüglich darum, weil er der Bräutigam eines der beiden Mädchen ist.

Der luftige Geselle sprach denn auch nicht vom Fallen in der Schlacht, wie der andere Bräutigam. Wenn er Zeit gewann, seinem Liebchen gegenüber sich auch an seine Schlachten zu erinnern, sprühte Sieg in seinen Augen, er betete die Schlacht an wegen des Blutes, das in ihr floß, wegen des Ruhmes, der in ihr blühte; — sie war seine Leidenschaft.

Und wenn er die andere Braut mit weinendem Auge die Einsamkeit suchen sah, scherzte er ihren Kummer mit soldatischem Humor weg.

—Fürchte nichts, Du liebes Geschöpf, ich bringe Dir Deinen Bräutigam von der ersten besten Schlacht heim, ich mache ihn zum Gefangenen und laß' ihn bei Dir in Kriegsgefangenschaft.

Aber dem Mädchen that der Scherz weh. Mit ernstem Stolze erwiderte sie:

— Gábor läßt sich nicht fangen, er stirbt eher, als er sich zum Gefangenen machen läßt.

So verging Tag auf Tag. Robert wird bald seine Braut zur Gattin machen. Am Abende des ersten Sieges, sagte er, da werden wir unsere Hochzeit feiern.

—Am ersten Siegestage! seufzte Rose, das wird ein Tag der Niederlage für die Gegner sein. Du wirst da Gattin werden, ich vielleicht Wittwe.

Und darauf weinte die Eine viel, die Andere jubelte viel, wenn sie aber beisammen waren, unterdrückte die Eine ihre Thränen, die Andere ihren Jubel, damit sie sich nicht gegenseitig wehe thäten.

Eines Tages sagte Robert in ernstem, etwas geheimnißvollem Tone zu Anikó: — Heute über acht Tage wird's eine Schlacht geben; der warme Händedruck schien hinzuzufügen: und einen Sieg, und das schmachtende Erröthen auf den Wangen der Braut ergänzte mit: und eine Hochzeit.

Für diesen Tag ließen sich beide Mädchen insgeheim

Feierkleider anfertigen, insgeheim, damit es die andere Schwester nicht erfahre.

Weiß und gestickt war das Kleid Anikó's, ein Hochzeitkleid für die **Braut.**

Schwarz und einfach war das Kleid Rosen's, ein Trauerkleid für die **Wittwe.**

Beide waren so schön, so jung, ihr Wuchs vollkommen gleich.

* *

Wochen und Monate lang lagen die kaiserlichen Truppen in Szolnok, während welcher Zeit sie starke Schanzen zur Vertheidigung des Ortes aufführten.

Jenseits der Theiß wurde eine umfangreiche Redoute aufgeführt, die den Brückenkopf deckte. Neben dem langen Damme wurden als Schutzwand für die Schließenden aus umgehauenen Bäumen Pallisaden aufgeführt; vor dem Damme dehnte sich ein längliches Weidenwäldchen aus, welches Batterien barg.

Hinter diesen Schutzwerken befand sich die auf Flöße gebaute Brücke der Kaiserlichen. Die große hölzerne Brücke war schon im Januar abgebrannt worden.

Wer diese Brücke einnehmen wollte, mußte erst die

feste Position der hinter dem Damme aufgestellten Truppen stürmen, und vorausgesetzt, daß dies ihm gelungen wäre, gerieth er dann in das Kreuzfeuer der Reboute und der im Weidenwäldchen aufgestellten Batterien. Die Position konnte nicht umgangen werden, denn ihre beiden Enden berührten die Theiß.

Am jenseitigen Ufer liegt Szolnok, das von oben aus das Wasser der Zagyva und die Sümpfe der Theiß decken, während es von unten durch gleichfalls mit strategischer Kunst geordnete Schanzen und Wehrpunkte geschützt wird.

Diesseits des Brückenkopfes waren drei einander schützende, befestigte Punkte in einem Halbkreise erhoben.

Neben der Theiß war ein langer Laufgraben; in Schußweite von demselben befand sich der sappenumgebene, mit Kanonen besetzte Bahnhof mit seinen citadellenartigen, starken Gebäuden, deren Kanonen das ganze bis hin führende Defilé bestreichen konnten, und auf der westlichen Seite lag eine Kapelle auf einem Hügel, der einzige erhabene Punkt auf der ganzen Ebene.

Von dieser Seite schien der Angriff fast unglaublich. Diese einander schützenden Punkte waren nach den Regeln der Taktik nur mit dem größten Kraftaufwand, mit sehr vielen Kanonen von sehr großem Kaliber angreifbar, und auch dann noch blieb die Gefahr, daß das stürmende Heer, wenn es geschlagen wurde, da es nirgends einen Rückzugspunkt fand, mit Sack und Pack und unwiderstehlich dem bei Pesth concentrirten Hauptlager entgegengedrängt würde.

Bloß das sumpfige Terrain der Zagyva blieb ungedeckt, weil von da aus kein energischer Angriff zu befürchten war.

Bei all' dem waren auf der rechten Seite der Theiß das Ufer entlang Wachtposten aufgestellt bis nach Cjibakháza, welches den Magyaren als Uebergangspunkt diente, wo aber den Berichten zufolge außer einigen in der Heranbildung begriffenen Reservebataillonen gar keine Kriegsmacht sich befand, da die zwei Brigaden der Magyaren in Töröfszentmiklós unter Vécsey und Damjanics vereinigt lagen.

Der Angriff wurde von dieser Seite her erwartet, und wie die Spione berichteten, sollte derselbe am bestimmten Tage gerade auf die Position jenseits der Theiß gerichtet werden.

Zwischen Szolnok und Csbakháza befindet sich eine Ueberfahrt.

Ein Seil ist quer über die Theiß gespannt, mittelst dessen man die ungeschlachte Fähre herüber und hinüber zieht. Diese Fähre war eben am jenseitigen Ufer, Jemand war auf ihr mit Erlaubniß der Kaiserlichen, welche die Ueberfahrt überwachten, über den Strom gesetzt.

Am Vorabende des erwarteten Tages kam ein alter Husar vom jenseitigen Ufer zur Ueberfahrt, ihn begleitete ein jüngerer Husarengemeiner, mit dem er aber immer zankte.

— Seht Ihr dort die Fähre? schnaubte er den Jüngern an, als er, zum Ufer gekommen, die Ueberfahrt bemerkte.

— Ja, mein Herr Corporal! ich seh' sie.

— Ob Ihr sie seht oder nicht, dort muß hinüber gesetzt werden.

— Gut, mein Herr Corporal.

— Raisonnirt nicht! Ihr seid noch unbewandert in den Kriegsregeln. Wenn einmal das die Ordre ist, daß man da hinüber setzen muß, so muß da hinüber gesetzt werden, und wenn tausend glühende Teufel drüben stünden! Damit pochte er an die Thüre der hölzernen Fährmannshütte.

—Heda! komm' heraus da.

Innen wurde eine murrende Stimme hörbar:

—Komm' heraus da? Es wird noch ein: Hört er? auch geben.

Raisonnire nicht, öcsém*)! sondern kriech' 'mal aus dem Loch 'raus, denn wenn ich mich mit meiner Faust über Deine Bretterresidenz hermache, wirst Du bald unter freiem Himmel hausen.

Der Fährmann kam hervor. Es war ein alter, grauer Mensch.

—'S ist schon lange her, daß man mich öcsém geheißen hat, mein Herr Soldat.

—Wie alt bist Du denn?

—Ich bin neunundfünfzig, ich.

—Gelbschnabel, ich bin fünfundsechzig. Marsch! Vorwärts!

Es war sonderbar, daß der alte Husar, während er den greisen Bauer so hochnäsig mit „Du" und

---

*) Mein jüngerer Bruder — oder bátyám = mein älterer Bruder — ist die beim magyarischen Volke übliche Anfprache. In Fällen, wo Achtung ausgedrückt werden soll, wird noch uram = mein Herr, hinzugesetzt. Anm. d. Uebers.

„Gelbschnabel" regalirte, dem jungen Rekruten mit Achtung begegnete und mit: „**H ö r t J h r!**" ansprach.

Die Fähre setzte sich mit den zwei Soldaten in Bewegung; auf dem jenseitigen Ufer stand ein Grenz= jäger mit seiner Flinte und rief den Ankommenden irgend einen fremden Spruch entgegen.

Der alte Husar verstand den wohl, aber er ant= wortete deshalb nicht minder ungarisch:

—Du siehst ja, wenn Du Augen hast, daß wir Husaren sind.

Die Wache wiederholte den Ruf, der Husar schüttelte ihr drohend die Faust.

—Versuch's nur, wenn ich Dir den Balg nicht herauskehre.

— Es schien aber, als ob der Grenzer sein Ver= sprechen zu halten pflege, denn im nächsten Augenblick schoß er sein Gewehr auf die zwei Husaren ab. Die Kugel drang durch den Csako des Alten.

Dieser aber wendete sich aufgebracht zum Re= kruten:

—Was manoeuvrirt Ihr denn ewig mit Eurem Schädel? Der Kugel ist's all' Eins, ob sie vorn trifft oder hinten. Du aber, öcsém, komm' hervor vom Bauche meines Pferdes, es könnt' Dich mit dem Huf in die Ewigkeit 'neinerpediren, es duldet kein Füllen unter sich. Geh' nur her und zieh' den Strick an.

Der Fährmann jedoch verspürte durchaus keine Neigung zu gehorchen, er streckte sich am Boden der Fähre auf den Bauch hin, als er sah, daß hinter dem Damme fünfzig bis sechzig Grenzer hervorsprangen und auf die Husaren zu feuern begannen.

— Steigt ab, brummte der Alte den Rekruten an und riß das Schwert aus der Scheide, — der Bauer da hat schon das Hasenfieber in allen Gliedern... Treibt die Fähre!... Dann begann er die Jenseitigen zu schelten und zu beschwören, daß sie ja nicht fortgehen sollten, bevor er hinüberkomme, und schwenkte den Degen furchtbar herausfordernd.

Als indessen die Grenzer sahen, daß dem Menschen die Kugel nichts anhaben könne, eilten sie zum Fährenstrick hin, und bis die Husaren die Mitte der Theiß erreicht, war derselbe auch schon abgeschnitten.

Die Gewalt des abgeschnittenen Strickes riß die Fähre ans Ufer zurück. Der alte Husar fluchte, drohte und schwenkte sein Schwert voll ungeheuren Zornes, schreckliche Dinge verheißend. Aber der Strick riß die Fähre zurück.

Voll Aerger sprang der alte Husar ans Ufer.

Im nahen Walde wartete seine versteckte Division auf ihn, zu ihr sprengte er zurück.

Er machte Halt vor dem Hauptmann. Gábor war's, der Bräutigam des Szolnoker Mädchens. — Nun, was ist geschehen, Gergö?

— Die List ist nicht gelungen, — rapportirte der alte Husar. — Ich hab's gleich gesagt, daß wir nicht so V i e l e hingehen sollten! Wir waren ihnen zu viel, und sie schnitten den Fährenstrick ab, als wir die Hälfte des Weges zurückgelegt hatten. Wär' ich allein hinüber gegangen, hätten sie mich vielleicht doch passiren lassen, und dann hätt' ich das andere Ende des Strickes so lange vertheidigt, als die Fähre Zeit braucht, um e i n m a l hinüber zu setzen.

— Thut nichts, Gergö! sagte der Hauptmann. Wie sind denn die Leute über's Wasser gekommen, als es noch keine Fähre auf der Welt gab? — Wir schwimmen hinüber, nicht wahr?

— Köstlich! Ich möcht' Ihren Schutzpatron fressen, Herr Hauptmann! Ich selber hab' schon lange den Gedanken gehabt, aber ich wollte nicht raisonniren.

— Na, Kinder, wer das Bad liebt, folgt mir! rief der junge Held, spornte sein Roß und sprengte in den schaumtreibenden Fluß, ihm nach die Mannschaft in Reih' und Glied, in Schlachtordnung. Die eine Hand hielt den Kopf des Rosses am Zügel aufwärts, die andere das blanke Schwert an die Hüfte.

Es war ein herrlicher Anblick, wie anderthalb hundert Kämpfer dahinschwammen durch die blaue Fluth, wie wandernde wilde Gänse durch die blaue Luft; nur Hals und Kopf der Pferde ragten über den Wasserspiegel, die Reiter selber waren bis zur Hüfte unter demselben, und mit den Federn des grünen Busches am Csako spielte der Wind.

Nachdem sie ein Pelotonfeuer, das wenig Erfolg zu haben schien, gegeben hatten, verließen die Grenzer schnell ihre Position, und bis die Husaren das jenseitige Ufer erreicht hatten, waren jene schon ziemlich weit gekommen, — freilich in etwas verwirrter Schlachtordnung.

Durch dieses Manoeuvre war der die Czibakházaer Ueberfahrt bewachende Vorposten von Szolnok abgeschnitten und konnte auch nicht anzeigen, daß am Abend desselben Tages Damjanics mit seiner ganzen Brigade daselbst angekommen und überzusetzen gewillt sei.

Die einzelnen Couriere wurden von den Husaren

aufgefangen, und als spät in der Nacht der ganze Vorposten von Czibakháza einer überlegenen Macht gegen Szolnok zu zu weichen genöthigt war, stellten sich ihm die Husaren in den Weg und drängten ihn nach Kecskemet hinab.

Noch in derselben Nacht setzte Damjanics mit seiner ganzen Brigade bei Czibakháza über die Theiß, und ohne auszuruhen zog er die Nacht hindurch in forcirten Märschen gegen Szolnok, ohne daß Jemand die Brigadiers daselbst von dieser seiner Bewegung in Kenntniß hätte setzen können.

* * *

— Morgen wird's eine Schlacht geben. Morgen werden wir erfahren, ob wir leben oder sterben.

— Tausende werden weinen, damit Tausende sich freuen.

Die beiden Bräute sitzen beisammen — bei mattem Sternenglanze — an ihrem Fenster. Es ist der erste Frühlingsabend.

Morgen wird die eine glückliche Gattin sein, Wittwe die andere.

— Fühlst Du Wonne? Fühlst Du Furcht?
— Nein.....

Morgen wird der eine Bräutigam Hochzeit halten; mit Sieg, Ehrenzeichen und Kränzen wird er aus der Schlacht heim in die Arme seiner Geliebten kommen; — der andere wird begraben werden, bleich, mit blutenden Wunden wird er auf dem Felde der Schlachten liegen, seine herrliche Gestalt zerstampft vom Hufe der Rosse.

— Fühlst Du Wonne? Fühlst Du Furcht?
— Nein......

Den verlorenen Bräutigam wird das selige Jenseits der Braut wieder geben, aber es gibt dem magyarischen Weibe das verlorene Vaterland nicht wieder.

Sie sinken einander an die Brust, sie reichen einander die Hände, sie beten. Aber nicht für das Leben ihrer Geliebten, für einen höhern, erhabenern Gedanken wallt ihre Seele zum Himmel hinan. Sie weinen, aber nicht um ihre Geliebten, es fliegt ihr Herz, aber nicht den Geliebten entgegen.

Indessen läßt sich der Schlaf auf ihre Augen nieder und führt in die weiblichen Herzen die verläugneten Gefühle zurück. Ihre Jünglinge erscheinen ihnen im Traume. Nichts außer ihnen, nicht die Schlacht, nicht das Vaterland, — mit lächelnden

Augen, mit kosenden, schmeichelnden Worten der eine; kummervoll, lautlos der andere. Glänzend, auf fliegendem, schwarzem Schlachtrosse, Küsse werfend der eine, — bleich, die gebrochenen Augen schließend, sterbend der andere.

Nachts hört die gute Wittwe ihre Töchter im Schlafe reden. Sie tritt zu ihren Betten hin. Ueber das schlafende Antlitz der einen rollen Thränen, das Antlitz der andern ist hingeneigt auf das Kissen; den weißen Battist drückt sie an die Lippen und küßt ihn im Traume.

* *
*

Etwa zwei Stunden von Szolnok schlug Damjanics' Heer das nächtliche Lager auf. In Schlachtordnung, ohne Wachtfeuer erwartete es das Zeichen, das es wieder in Bewegung setzen soll.

Die jenseits der Theiß erdröhnenden Kanonen hatten dies Zeichen zu geben.

Der magyarische General hatte schon viele Schlachten durchgekämpft, viele Siege errungen, viele Fahnen erobert.

Wenn die Schlacht begann, stellte er sich an die Spitze seines Heeres, erspähte, wo der Feind am stärksten, dann schrie er: Mir nach! und zerschmetterte und zermalmte, was ihm in den Weg kam. Das war so seine Gewohnheit.

Es gab Leute, die mit diesem Systeme nicht zufrieden waren, und die dem General unaufhörlich versicherten, daß es, um ein berühmter General zu werden, nicht genüge, daß man bloß Schlachten gewinne, man müsse auch bleibende Verdienste erwerben, in deren Folge dann Einen die Nachwelt erwähnen müsse, man müsse nämlich Dictionen halten, Proklamationen herausgeben u. s. w.

So geschah es denn, daß der General, als er den Banater Kriegsschauplatz verließ, an seine Widersacher folgende famose Proklamation erließ, die wörtlich also lautete:

„Ihr Hunde!

Ich geh' fort. Aber ich komm' wieder.

Wenn Ihr währenddem zu mucksen wagt, will ich Euch von der Oberfläche der Erde vertilgen, und damit kein raizischer Samen übrig bleibe, will ich zuletzt mich selber erschießen als den letzten Raizen."

Das Gelingen dieses ersten Versuches ermunterte den General der Art, daß er nachgebend den ewigen Antreibungen sich entschloß, vor der nächsten Schlacht an sein Heer eine Rede zu halten, und dies auch feierlich versprach....

In der Nacht vor der Schlacht nun fühlte sich der Heerführer sehr beengten Gemüthes.

Sonderbar, dachte er bei sich, ich habe noch nie vor einer Schlacht gebebt und jetzt fühle ich mich so, als möchte ich gern nicht sein. Dann suchte er erzürnt in sich die Spuren dieser bangenden Verstimmung, aber er konnte sie nicht finden.

Plötzlich macht ihn Einer von seinem Generalstabe darauf aufmerksam, daß es morgen eine Schlacht geben wird, — also heraus mit der schönen Rede!

— Daß es der Kuckuk hole! — schrie jetzt der General; — das war's, wovor ich Furcht hatte, daß ich gern aus der Haut gefahren wäre. Aber seid nicht bange; es wird schon werden, Ihr sollt eine hören, ich werde ihr schon beikommen.

Mit dem Schlachtplane war der Feldherr binnen einer Viertelstunde fertig, mit der Rede war er dies am späten Morgen noch nicht.

Er ließ sein Heer in Schlachtordnung aufmarschiren und sprengte die Fronte entlang.

Jeder wußte, daß er heute eine Rede halten werde,

und wußte auch, daß dies seinerseits ein solches Opfer war, als wenn ein einen halben Tag lang parlamen=
tirender Táblabiró *) eine Kanonen=Batterie erstür=
men sollte.

Er blieb vor der Fahne des neunten Bataillons stehen, nahm seinen Hut ab, erblaßte und sprach:

— Waffenbrüder!

In diesem Augenblick erdröhnten jenseits der Theiß die Kanonen......

Das Antlitz des Generals erglühte, er vergaß Rede und Phrasen, riß sein Schwert aus der Scheide, drückte den Csako auf's Haupt. — Dort ist der Feind, mir nach! — rief er mit bonnernder Stim=
me, worauf ihm das Heer mit stürmischem Éljen ant=
wortete und dann seinem Feldherrn nachraste, rasch, —
rasch wie das Meer, das seinen Platz wechselt, dem bekannten Donner der rufenden Kanonen ent=
gegen.

* * *

Währenddem bestürmte das Corps Vécsey's die Schanzen jenseits der Theiß.

---

*) Jene Leute in Ungarn, die man in Deutschland „Zopf" nennt.

Aber der Sturm war nur ein scheinbarer. Beide Theile schienen einander mit ihren Manoeuvern in die Falle locken zu wollen.

Die kaiserlichen Heere suchten durch Cavallerie-Attaquen die ungarischen Truppen in das gefährliche Kreuzfeuer ihrer Kanonen zu locken; die kaiserliche Reiterei griff die Husaren an, dann wendete sie sich plötzlich um, um durch scheinbare Flucht ihre Gegner zur Verfolgung zu verlocken, — während diese, als sie die Kürassiere in völliger Schlachtordnung sich zurückziehen sahen, ebenfalls „Rechts um!" machten und ruhig in die Schlachtlinie zurücktrabten.

Bald leiteten die Ungarn einen Sturm gegen die Schanzen, und als die Bataillone schon in Schußweite der Kanonen gekommen waren, ließ man sie Halt machen, Kanonen hervorziehen und erfolglos die aus Erde aufgeführten Schanzen beschießen.

Ueberhaupt schienen die Ungarn die Größe ihrer Kanonenkraft vor dem Feinde entfalten zu wollen, während dieser gerade das Entgegengesetzte im Auge hatte. Kaum; daß hie und da in den Schanzen eine Kanone losgebrannt wurde, und das Vorhandensein einer Batterie im Wäldchen ließ man vollends gar nicht ahnen. Man wollte glauben machen, daß der Ort nur sehr spärlich und schwach vertheidigt sei, so daß es ganz unerklärlich scheine, warum die Ungarn nicht einen rechten Angriff versuchten, da ihnen überhaupt die Kaiserlichen bei jedem einzelnen Zusammentreffen aus freien Stücken Vorsprünge ließen.

Und das ging so fort bis **Mittag.**

Wer von ferne zusah, bemerkte nur schachartig sich bewegende regelmäßige Massen. Hie und da trabte ein Haufen Kürassiere ganz gemächlich über das Schlachtfeld hin, der messingbelegte Kamm ihrer Helme leuchtete bei dem sonnenhellen Tage. Dort sprengte eine Division Husaren heran, ihre wehenden Mente's flogen ihnen nach. Lange Infanteriereihen formten sich plötzlich zu einem Viereck um und gaben ein Pelotonfeuer auf die nahende Reiterei. Dort weiter hin verräth Bayonettgeflimmer die listig im Graben versteckten Truppen und die umgangene Kanonen-Batterie spannt ihre Pferde wieder ein, jagt weiter hin, bleibt auf einem Hügel wieder stehen und feuert von Neuem. Noch gibt's nirgends ein Treffen, noch hört man nirgends das rajta, magyar, rajta! *)

---

*) Drauf los, Magyare, drauf los!

nirgends das haj rá!*) der Husaren und das: „Fällt's Bayonett!"

Das Ganze gleicht noch einem lebendigen Schlachtspiele. Die Trompete schmettert, — die Trommel lärmt, — unter dem Hufe der dahinsprengenden Rosse dröhnt dumpf die Erde, — die Kanone brummt, — nur Menschenwehgeschrei mengt sich noch nicht in den tobenden Lärm. Der Tod sieht noch durstig und hungrig dem Kampfe zu.

* * *

In diesem Augenblick erdröhnten plötzlich die Kanonen am jenseitigen Ufer.

Rasch und unerwartet, wie aus wolkenlosem Himmel der Blitz niederschlägt, hat Damjanics Szolnok überfallen.

Ein furchtbares, todverkündendes Éljen! tönt von den Lippen des angreifenden Heeres..... Éljengeschrei Angesichts des Todes!....

Und dann erdröhnten die Kanonen....

Die Kaiserlichen fand der Sturm nicht unvorbereitet; trotzdem daß er unerwartet kam; die diesseitigen

---

*) Jag' los auf ihn!

Schanzen waren zwar nicht durch große Truppenzahl, wohl aber durch Kanonen tüchtig gedeckt.

In einem Halbkreise stürmte das revolutionäre Heer gegen die Schanzen heran, wie ein Bogen aus Stahl, — die dem Winde überlassenen Fahnen flatterten über ihren Häuptern.

In der Mitte kam das Szegediner Bataillon, ein größtentheils mit Sensen bewaffnetes Rekrutencorps. Von der Theiß her kamen die Rothkäppler und von der Kapelle her die Massen der Husaren.

Jetzt schau' daher, Gott der Schlachten!

Von allen Seiten schleudern die Kanonen verheerend ihre mörderischen Kugeln auf sie nieder.

So spaltet der Blitz die Wolke, aber die Wolke treibt trotzdem vorwärts; — ihre Gestalt wird ein wenig verwirrt, aber sie verliert ihren Weg nicht.

Es stürmen die Husaren, — die mörderische Kugel bricht sich ganze Gassen durch sie; wackere Jünglinge bleiben rechts und links hingesunken zurück, — hingesunken mit tiefer Wunde auf die harte, blutige Erde. — Noch einmal erhebt das Antlitz der Honved, er preßt die Hand auf die pochende Wunde und schaut, schaut starr der dahinschwebenden Fahne nach. Schon sieht er die geliebte Flagge nicht mehr.

Sie flattert schon tief inmitten des feindlichen Feuers. Noch einmal ruft er Éljen! mit todröchelnder Stimme, dann läßt er die Hand von der Wunde sinken, läßt fließen sein Blut und sieht nichts mehr.

Am schnellsten traf das Szegediner Bataillon mit dem Feinde zusammen. Sie mußten eilen, ihre Sensen konnten sie nur in der nächsten Nähe des Feindes benutzen. Die Hand vor's Auge gehalten, stürzten sie auf die Batterien des Bahnhofes los, sie wollten ihr zerstörendes Feuer nicht sehen. Eine Kugel streckte ihrer eilf auf einmal dahin; die nach diesen kamen, überschritten die Leichen und eilten noch mehr. Noch ein Augenblick.... Aus allen Kanonen krachte es auf einmal, in dem sich theilenden Rauche lagen Hunderte mit verstümmelten Körpern auf dem Felde, aber das Éljengeschrei ihrer Gefährten verrieth, daß sie die Kanonen erreicht.

Die Truppen, welche die Kanonen deckten, waren im nächsten Augenblick zerstreut. Mit gezücktem Schwerte traten nun die Kanoniere zur Vertheidigung ihrer Geschütze hervor, und kämpfend bis zum letzten Mann, bis zum letzten Athemzuge, sanken sie als Helden vor ihren Batterien nieder.

Dann erst empfing die Stürmenden ein wüthendes

Feuer aus den Fenstern der Gebäude und von den hinter den Barrikaden Versteckten; lange währte das Toben, lange währte der Kampf, bis die aus einem Fenster herausgesteckte Trifolore verkündete, daß der Widerstand besiegt sei.

Das war die erste Schlacht des Szegediner Bataillons und für Hunderte desselben die letzte.

Mit festem, trotzigem Schritt nahte den Laufschanzen nun das Rothkäppler-Regiment. D i e bedeckten das Auge nicht vor den ihnen entgegen brausenden Kugeln; — das war schon ihre siebzehnte Schlacht, und in allen waren sie voran gegangen. Sie sind schon gut bekannt mit dem Tode, sie fürchten ihn nicht mehr. Sie verstehen sich schon darauf, wie man der Kugel einen Weg öffnen oder vor ihr niedersinken muß, und schießen nicht mehr, wie die Rekruten, in die Luft.

Die Laufschanzen hielten Jäger besetzt, ein anhaltendes, verwüstendes Feuer richtend auf die ihnen Nahenden.

Plötzlich lichteten jene ihre Reihen, bildeten Plänklerketten und auf ein Kommandowort begannen sie auf die Schanze los zu laufen, das krachende Gewehrfeuer hielt sie nicht ab. Ein hoher, junger Held stürmte voraus mit der Fahne, eine Kugel zerschmetterte ihren

pitzgeschmückten Schaft, da steckte er die Flagge auf
die Klinge seines Schwertes und so stürmte er weiter.
Eine andere Kugel raste heran und streckte den Helden
selber dahin. Aber auch dann noch hielt er das
Schwert in die Höhe, an dem Schwerte die Flagge,
bis diese ein Anderer erfaßte, auf sein Bayonett steckte,
und weiter trug.

Sie haben die Schanze erreicht. Einer steigt auf
die Schultern des Andern, so klimmen sie hinan, und
schon klingen die an einander geschlagenen Bayonette,
kracht der umgekehrte Flintenkolben. Die vom Stür=
men gerötheten Antlitze stehen den betroffenen ihrer
Feinde gegenüber. Nach einer Stunde sind sie
Herrn der Schanze, der durch den wilden Sturm
besiegte Feind ist genöthigt, sich bis zum Brü=
ckenkopf zurückzuziehen, wo die am jenseitigen Ufer er=
schienenen Hülfstruppen seine aufgelösten Reihen auf=
nehmen.

Die Rothkäppler kommen auch mit den neuen
Truppen ins Handgemenge und schon erdröhnt das
Schlachtgebrülle am jenseitigen Ufer. Die Truppen
Bécsey's aber wenden sich mit plötzlichem Sturme der
Redoute zu, aus welcher ein Theil der Vertheidigungs=

kraft nach Szolnok geeilt war. Und auch da kommt bald Zerrüttung in die schlachtgeordneten Reihen.

Aber dort um die Kapelle wüthet der Kampf in furchtbarster Hitze. Geordnet in dichtem Carré stellt sich ein Regiment Grenzjäger auf die Ebene heraus; dieses greifen nun die Husaren in Masse an. Sie werden zweimal zurückgeschlagen, das dritte Mal bricht das Carré; die Rosse stürzen zwischen die Bayonette und im nächsten Augenblick eilt das in Unordnung gerathene Regiment zerstreut und zerstampft den Schanzen der Kapelle zu; dort häuft es sich, aber es verliert den Schutzpunkt, denn mit ihm zugleich erreichen seine Verfolger die Kanonen, durch eine Wendung ist es vom Rückzuge in die Stadt abgeschnitten, und nun flieht Jeder, wohin er kann, verfolgt bis zum Ufer der Zagyva; da wenden die Muthigern sich um, mit der Entschlossenheit der Verzweiflung wählen sie von zwei Gestalten des Todes die rühmlichste: den Tod auf dem Schlachtfelde. Die Furchtsamern springen in die Zagyva..... Weit, weit hin trägt die blutgemengte Fluth nur leere Csako's.

In diesem Augenblick ertönt Trompetengeschmetter; — die Schlacht nimmt eine neue Gestalt an, — man sieht ein vom jenseitigen Ufer zu Hülfe gekommenes

Kürassierregiment auf das Schlachtfeld sprengen. Aus der aufgejagten Staubwolke blitzt dann und wann der glänzende Helm mit dem messingbeschlagenen Kamme und das blanke Schwert hervor.

Die Husaren bilden sofort volle Massen, und zugewendet das Antlitz dem herankommenden Feinde, erwarten sie seinen Angriff nicht, sondern jagen ihm entgegen. Wie zwei in einander tosende Lawinen, so treffen die zwei Regimenter zusammen. Das eine ist eine schwere, harte Mauer, als ob eine Schanze sich in Bewegung gesetzt hätte, keins der großen Schlachtrosse kommt dem andern zuvor, in solcher Ordnung, mit solch' pünktlicher Einheit sprengen sie vorwärts, als ob diese tausend Menschen nur eine Seele hätten.

Das andere ist so leicht wie der Wind, seine lustigen Rößlein schnellen wiehernd vorwärts, als wollte jedes das erste sein in der Schlacht, den Reitern nach fliegen die flimmernden Mente's und in ihren Händen blitzen die Schwerter.

— Hurrah, Hurrah! — Rajta, Rajta!.

Sie treffen auf einander und in demselben Augenblick sind beide Heere gesprengt. Das gegenseitige Anprallen hat die Schlachtordnung beider zertrümmert und aus beiden ist ein wirrer Haufen geworden, wo Mann gegen Mann ficht, da ein Küraſſier inmitten eines Huſarenhaufens, dort ein Huſar inmitten eines Küraſſierhaufens; die gemengte Maſſe wogt bald vorwärts, bald rückwärts, je nachdem in ihr Huſar oder Küraſſier den Vortheil hat.

Aus den aufgejagten Staubwolken entfaltet ſich nur dann und wann ein Schlachtbild; hoch über der Staubwolke ragen hin- und herwogend die feindlichen Fahnen und von Zeit zu Zeit werden gerade und krumme Schwerter ſichtbar, und wenn der Wind einmal die Staubdecke von ihnen reißt, erſcheinen die glänzenden Helme, die wehenden Federbüſche, erſcheinen die kampferhitzten Geſichter, die tobenden Roſſe, von welchen zuweilen ein lediges fortſptengt vom Schlachtfelde, während der Leib ſeines hingeſunkenen Reiters unter den Hufen ſeiner Gefährten zerſtampft wird auf blutgetränktem Boden.

Schwertergeklirr, Pferdegetrappel, Siegsgeſchrei, Todesröcheln iſt überall hörbar.

Ein Mann von mächtigem Körperbau reitet voran; es iſt der rieſenhafte magyariſche Feldherr, der heute ſchon das dritte Pferd reitet; zwei hat man unter ihm erſchoſſen; er kommt ſchwer zum Raufen, denn ſeine Huſaren kommen ihm überall zuvor. Neben ihm

reitet der Fahnenträger, in einer Hand die Fahne, in
der andern das scharfe, blutige Schwert. Weit drüben sieht man die feindliche Fahne sich nahen, die
besten Helden suchen die besten Helden. Eine Fahne
sucht die andere und sie brechen sich blutige, kampf-
volle Bahn zum blutigen Rendezvous.

Die Staubwolke verschlingt die Kämpfenden abermals und nichts mehr ist sichtbar außer den zwei
feindlichen Fahnen, wie sie langsam und schwer einander nahen, oft aufgehalten und zurückgedrängt.

Und wieder Schwertergeklirr, Pferdegetrappel,
Siegesgeschrei und Todesröcheln..... Der Wind reißt
der Schlacht die Staubdecke ab.

Der alte Husar schlägt sich mit seinem vom Küraß
geschützten Feinde. Er ficht hitzig, aber ohne Zorn,
neben ihm der junge Husar, den er nicht genug un-
terrichten kann.

—Ihr versteht den Hatvagás nicht; wer hat je
gesehen, daß man mit dem Schwerte zuschlägt—, wie
mit einer Keule? Das thut man nur dann, wenn man
schon müde ist. Lernt husarenmäßig drein schlagen,
seht Ihr, so, mit umgekehrter Faust. He! seht
Ihr's? Wenn's Euch dann Umstände macht, daß der

Feind einen Helm auf dem Schädel sitzen hat, so gebt ihm Eins auf seinen Kamm. Dann rutscht ihm der Helm über die Nase und mit einem zweiten Streiche könnt Ihr ihn herunter schlagen.....

Mit solchen Lehren traktirte der alte Husar seinen untergebenen Rekruten und illustrirte zugleich die Wahrhaftigkeit seiner Thesen an Ort und Stelle durch Beispiele.

Staubwolken umhüllen abermals die Schlacht....

Schwertergeklirr, Pferdegetrappel, Siegsgeschrei, Todesröcheln.....

Wieder ein neues Bild.

Zwei Haufen treffen zusammen. Da ihre jungen Führer sich an der rechten Seite ihrer Haufen befinden, kommen sie nicht an einander.

Der eine ist Gábor, der andere Robert.

Keiner der beiden Haufen will seinem Führer Schande machen. Jeder hält aus, Mann ficht gegen Mann.

Die Führer gehen mit gutem Beispiel voran. Wer ein Sterblicher geboren ist, sinkt hin unter ihren Streichen; von beiden Seiten wird der feindliche linke Flügel zurückgedrängt, so daß sich währenddem die beiden Haufen total umwenden, als drehten sie sich um eine gemeinsame Achse. Die Husaren nehmen die Stelle der Kürassiere ein, diese die jener. Und jetzt ziehen sich beide Theile, als wären sie darin überen gekommen, zu gleicher Zeit zurück.

Die beiden jungen Bräutigams haben einander troß der Hitze des Gefechts erkannt, aber die Entdeckung hat sie nicht feig gemacht. Keiner wollte schlechter sein als der Andere, und wären sie zwei zuletzt nur noch übrig geblieben, sie hätten den Kampf fortgesetzt.

Indessen war den Kürassieren ein frischer, zahlreicherer Haufen zu Hülfe gekommen; der Husarenhauptmann war genöthigt, um nicht zwischen zwei Feuer zu gerathen, sich einen Weg zu bahnen und den Kampfschauplatz weiter hin zu verlegen. Mittlerweile war er seinem Kameraden nahe gekommen.

—Ergib Dich, Kamerad! rief ihm Robert lustig zu. Ich habe Deiner Braut versprochen, Dich ihr heute heimzubringen.

—Warte, bis die Schlacht zu Ende, dann suche mich auf, auf dem Schlachtfelde, dort findest Du mich und kannst mich mitnehmen, — antwortete traurig der Husar. Im Verlauf dieses Gesprächs waren sie einander nahe geritten, ihre Fäuste hatten das Schwert zum Hiebe erhoben, ihre Augen flammten in wildem Feuer, aber als hielte eine Hand ihren Arm, so regungslos blieb dieser. Im nächsten Augenblick hatten sich Beide von einander abgewendet und Jeder hieb auf die Gefährten des Andern ein. Robert sticht in wildem Zorne einen Husaren nieder, während der kummervolle und erbitterte Gábor solch' furchtbaren Hieb auf das behelmte Haupt eines Kürassiers führt, daß dieses sammt dem Helme rechts und links hinfällt. Und dann geht's vorwärts, Jedem folgen die Gefährten. Hurrah, Hurrah! — Rajta, Rajta!

Schwertergeklirr, Pferdegetrappel, Todesröcheln, Siegsgeschrei. Staubwolken umhüllen das Schlachtfeld.

* * *

Währenddem zog eine Kürassier-Division still, aber schnell durch eine Gasse Szolnoks, sie trachtete dem sechsten Husarenregimente in den Rücken zu fallen.

Und als sie in dröhnendem Trabe dahinzogen und um die Gasse bogen, standen plötzlich, als wären sie aus der Erde hervorgeschossen, zwei Compagnien Rothkäppler vor ihnen.

Einen Augenblick lang blieben beide so unvorhergesehen auf einander gestoßene feindliche Haufen betroffen stehen und blickten zaubernd einander ins Auge.

Und jetzt ereignete sich eine Schlachtscene, die in der Geschichte der Kriege so selten ihres Gleichen findet. Infanterie machte einen Angriff auf Cavallerie.

Auf einmal, in einer Entfernung von kaum vierzig Schritten, gaben beide Compagnien Feuer auf die Kürassiere, und im nächsten Augenblick stürmten sie brüllend mit gefälltem Bayonett auf diese ein, sprengend, wie Schlachtrosse, und wuthentbrannt brüllend, wie der gequälte Leopard.

Und die Veteranen, die das Feuer so vieler Schlachten muthig ausgehalten, die allein bei Mór das revolutionäre Kriegsheer niedergestampft hatten mit dem schweren Hufe ihrer Rosse, waren genöthigt, vor diesem furchtbaren Anstürmen zu weichen!

Dieser Fall kam nur zweimal in den Kämpfen der Revolution vor. Das Inczédische Bataillon hatte es während des ersten Rückzugs Görgei's zuerst versucht, dasselbe eilfte Bataillon, dessen Hälfte bei der Vertheidigung der Piskier Brücke fiel.

Der greise polnische Soldat, der Zeuge dieser Scene war, sagte: —Ich habe unter Napoleon gedient, ich habe die Schlachten der alten Garde gesehen, ich habe Theil genommen an den Kämpfen der Lancier-Truppen, aber weder diese noch jene haben Schlachten geschlagen, wie sie der Rothkäppler schlägt. —

Als die teutonischen Riesen und des Varus Reiterschaaren an einander geriethen, mochte es so ausgesehen haben.

Durch diesen Angriff wurde das schöne Kürassier-Regiment von dem Hauptheere abgeschnitten. Vom jenseitigen Ufer aus von Bécsey gedrängt, zog das Heer eiligst nach Szolnok, ohne daß es Zeit gewinnen konnte, seine Geschütze zu retten und die Brücke hinter sich abzubrechen. Man warf die Kanonen in die Theiß und auf dem Fuße folgte ihnen Bécsey's Armeecorps nach.

Die östreichische Kriegsmacht, auf diese Weise zwischen zwei Feuer gedrängt, war genöthigt, Szolnok zu verlassen und zwischen den Sümpfen der Zagyva aufwärts zu ziehen.

Das Kürassierregiment, als es sich durch das von jenseits kommende Husarenregiment überflügelt und von dem Gros der Armee abgeschnitten sah, sprengte in Masse der Zaghva zu. Viele der ermüdeten Schlachtrosse konnten das jenseitige Ufer nicht erreichen; die schwere Rüstung machte den Reitern das Schwimmen unmöglich und viele gingen zu Grunde.

* *

Der Abend war nahe, als die Schlacht ihr Ende erreichte. Hie und da sprengte ein herrnloses Roß das Schlachtfeld auf und ab, oder wälzte sich ein anderes verwundetes auf dem Boden, sich aufrichtend und ein trauriges Wiehern sendend über das blutbedeckte Gefild.

Weithin bedeckten umgestürzte Pulverwagen und demontirte Kanonen die Erde, und überall lagen wackere Helden, mit großen, schweren Wunden, ohne Seufzer auf dem traurigen Bette.

Die Trompeten bliesen zum Abzug. Die Husaren sammelten sich, in den Gassen ihre Rosse tanzen lassend. Und die Rosse, sich muthwillig bäumend, gingen auf den zwei Hinterbeinen einher, als hätten sie heute noch keinen Schritt gethan.

Eine Stunde später tönte Musik in allen Kneipen, bei des heitern Zimbals und der Klarinette Tönen klirrten die Sporen der Husaren, und mit lustigem Händegeklatsch tanzte die gutgelaunte Mannschaft den Kuferorestanz, als dächte sie gar nicht an ihre schwere Arbeit, und daß diese schwere Arbeit Menschenblut= vergießen war.

Der alte Husar gibt seinen Kameraden zu trin= ken, er hat viel Geld, er hat Einen vom Generalstab kalt gemacht.

Sein Schüler, der Husarenrekrut, kann sich kaum mehr auf den Beinen halten, und doch will ihm jener noch immer zu trinken geben, wogegen sich aber der Rekrut standhaft wehrt.

— Aber, Herr Korporal! wenn wir heute Alles vertrinken, werden wir morgen keinen Heller im Sack haben.

— Ihr habt nicht zu raisonniren! Ihr müßt saufen, wenn das die Ordre ist. Wenn mir das Geld aus= gehen wird, haue ich mir schon wieder Einen herun= ter, wenn das die Ordre sein wird.....

Und das Zimbal klingt, die Klarinette pfeift, es klirren die Sporen, es klatschen die Hände, es tanzt der Soldat, als käme er von einem Hochzeittage.

* * *

Aber draußen, draußen auf dem Felde der Leichen, welch' schmerzliche Töne begrüßen da den Abend!

Das sind die letzten Seufzer der schwerverwundet Dahingesunkenen. An Vaterland und Ruhm, an Mutter und verlassene Geliebte sind diese Seufzer gerichtet. Trägst du sie wohl da hin, Zephir des Abends, wohin sie gesendet?.....

....Ein Husarenoffizier durchwandelt, von Feldärzten begleitet, das Schlachtfeld, aussuchend die noch Lebenden von den Todten.

Zuweilen sieht man je vier Soldaten sich entfernen, die je einen Verwundeten, auf ihre Gewehre gelegt, forttragen.

Der das Schlachtfeld durchsuchende Husarenoffizier ist — Gábor.

Wie traurig ist er auch jetzt noch, wie bedauert er

Jene, die er getödtet, wie graut es ihm, als er die furchtbaren Wunden sieht. Es sind das die gräßlichsten Wunden, die das Schwert schlägt, sie sind alle so lang, so tief. Hie und da findet man einen gefallenen Kürassier, dem die Spitze des Schwertes, welches durch's Brusteisen gedrungen, im Rücken herauskam; man kann sich vorstellen, was das für ein Arm sein mochte, von dem solch ein Stoß kam!.. Anderswo ist das von Hieben bedeckte Gesicht vom Staube entstellt und Niemand erkennt es. Da liegt ein Mann auf dem Rücken, sein Arm ist ausgestreckt und seine Faust hält fest das Schwert, seine Finger sind todesstarr geworden am Griffe desselben, man kann es seiner Hand nicht entwinden. Dort liegt der greise Haudegen auf sein Pferd hingesunken. Das war das einzige Wesen, welches er noch liebte. Er starb mit ihm zugleich. Er sank hin auf dasselbe, so starb er.

Gábor durchschritt traurig das Schlachtgefild. Er freute sich nur dann, wenn er in einem Verwundeten noch Leben fand; kein einziger entging seiner Aufmerksamkeit.

Neben einem Hagedorngebüsch, das zu blühen anfing, bemerkte er eine weiße Gestalt, die sich bewegte. Er ging hinzu. Der Sterbende war ein schlanker Küraſſieroffizier. Er athmete kaum mehr, ſein Antlitz barg er ins hohe Gras.

Gábor hob den Verwundeten in die Höhe und rief die Aerzte, daß sie ihm beiſtänden.

—Dank Dir, Kamerad! — ſtöhnte der Verwundete leiſe, — indem er ſein Geſicht erhob.

Und die ſinkende Sonne warf einen Strahl auf sein ſchönes, bleiches Geſicht, ſeine gebrochenen Augen und auf die ſchwere Wunde, gerade über dem Herzen. Die letzten Strahlen der Sonne und des Lebens gaben ein ſolch' bleiches Licht dem ſchönen, jungen Antlitz.

—Robert! ſeufzte der Huſar, — ſo ſehen wir uns wieder?

—Leg' mich auf die Erde, — ich ſterbe, — ächzte Jener. — Heute war ich Bräutigam und geh' nun allein ſchlafen. —

—Helfen Sie! rief Gábor den Aerzten zu.

—Die Wunde ist tödtlich! — antworteten dieſe,

nachdem sie die blutige Thüre, die das scharfe Schwert über dem Herzen der Seele geöffnet, untersucht hatten.

—Sage meiner guten Braut, — ächzte der sterbende Jüngling, — daß sie mein letzter Gedanke war. Trage Sorge für sie, sei ihr Bruder und begrabe mich dorthin, wo sie mich finden kann.

Der junge Husar schluchzte bitterlich über seinem sterbenden Feinde.

—O, daß Einer von uns als Opfer fallen mußte!

—Sei glücklich! — lispelte Robert; — arme Anikó! . . . .

Dann ließ er sein müdes Haupt auf das Knie seines Feindes sinken. Die Sonne ging unter; an der andern Seite des Himmels tauchte der volle Mond auf und blickte traurig auf das schöne, blasse Antlitz des Jünglings, seine geschlossenen Augen und verstummten Lippen. Des Mondes und des Todes erste Strahlen warfen solch' bleichen Glanz auf das schöne, junge Antlitz! . . . . .

* * *

Der erwartete große, von den beiden Mädchen gefürchtete und gehoffte Tag war vorüber.

Er hatte für beide Mädchen die Freude und den Kummer gebracht.

Aber die Freude nicht für die Hoffende, den Kummer nicht für die Bebende.

Die Eine erwartete der Bräutigam am Altare, die Andere der Bräutigam unter dem aufgehügelten Grabe.

Die Eine zog das schwarze Kleid, die Andere das weiße, gestickte an; aber keine das, welches für sie gemacht wurde. **Beider Gestalten waren so gleich!**

Im Hause der Szolnoker Wittwe waren Freude und Schmerz zugleich eingezogen, Begräbniß- und Hochzeittag trafen zusammen.

Rosa wurde das glückliche Weib, Anikó die Wittwe; noch am Morgen glaubten Beide ganz Anderes zu werden.

Seitdem war dem schwarzen Gewande der Szolnoker Wittwe ein Seitenstück gegeben, und sie dachte wohl oft darüber nach, wie es kommt, daß das Schicksal gegen die eine Waise stiefmütterlicher ist, als gegen die andere?

Warum können nicht Beide gleich glücklich, gleichen Schicksals sein?...

Das Schicksal erhörte sie... Seitdem ist ein Jahr vergangen.... Und jetzt tragen alle Drei schwarz; alle Drei sind Wittwen — gleichen Schicksals.

Das Széklyer Weib.

Es verstummten die Kanonen, es verhallte das Schlachtgetöse, es starben die Helden.

Nur am fernen Himmel flackerte dann und wann eine Flamme auf, ertönte das ferne Donnergerolle, das Seufzen des Windes. Haben etwa die Geister der Gefallenen dort oben erneuerten, unerbittlichen Kampf begonnen, wehrend die Pforten des Himmels Jenen, gegen die sie die Grenzen der Heimath vor einer Stunde vertheidigt?

Vor den Thoren Kézdi-Vásárhely's auf der Seite des Hügels, im Gottesacker, dort saßen die Széklyer-Frauen, harrten und harrten — nicht der vom Schlachtfelde heimkehrenden Theuern — sondern der Kunde vom Siege.

Sie setzten sich auf die Grabmale, auf die ergrünten Grabhügel, und wenn sie einen Donner vernahmen, da riethen sie unter einander: Das ist die Kanone der Unsrigen! .... Das war jetzt Gábor Aron! .... Das ist das Geschütz des Feindes! ... und das ist drauf der Donner des Himmels! ....

Und als schon nichts mehr hörbar war, erwarteten sie mit hochaufpochendem Herzen die Kunde, wer siegte, wer unterlag. ...

Széklyer-Mütter, Széklyer-Mädchen, Bräute, Gattinen, — alle hegten nur **einen** Wunsch in der Tiefe des Herzens: wenn der Theure heimkehrt, dann kehre er als Sieger heim, doch wenn die Nation im entscheidenden Kampf unterlegen, dann kehre kein Bote mit der Kunde zurück.

Auf der Schwelle der Kapelle, an der Thüre der luftigen Gruft sitzt ein greiser, schweigsamer Mann. Er ist schon sehr alt, über die Achtzig, lichtlos sind seine Augen: zwei sonnenlose Monde am Himmel sind's, — er sieht schon lange mit seiner Seele allein.

Hierher hat er sich führen lassen, er fand nicht Ruhe in seiner Kammer; — hierher in den Gottesgarten hat er sich führen lassen. Warum ließ er sich nicht auch ein Grab graben?

Neben ihm sitzt ein Krüppel. Eine Hand, ein Fuß ist zusammengeschrumpft; aber jeder Gedanke seiner Seele durchfliegt das Schlachtfeld und bitter spricht er zu sich: Warum kann ich nicht dort sein?

Beim Zwielichte der Dämmerung liest der Krüppel dem Greise aus einer auf's Knie gelegten Bibel vor. Sie sind die zwei letzten Männer in der Stadt, der eine ist blind, der andere krumm, die übrigen sind in die Schlacht gegangen.

Der Krüppel liest von den Schlachten Israels, von den großen, schweren Kämpfen des gotterkiesten Volkes, von dem heiligen Kriege, wo neben der Lade Gottes kämpfend und schützend dreißig Tausend Menschen gefallen sind.

— Warum kann ich nicht dort sein? röchelte aufseufzend der Krüppel und las weiter:

„Und sie eroberten die Lade Gottes, und die zwei Söhne Eli's starben auch."

„Da lief ein Mann vom Wahlplatze und zerriß seine Kleider und streuete Erde auf sein Haupt."

„Und siehe, Eli saß an der Heerstraße voll Erwartung, denn sein Herz war bang um die Lade Gottes."

„Als der Kunde bringende Mann gekommen war in die Stadt, da wehklagte die ganze Stadt."

„Und Eli hörte die Stimme der Wehklage und sprach: Was ist das für ein Geschrei?"

„Eli aber war achtundneunzig Jahre alt und seine Augen waren starr und er konnte nicht sehen."

Der Krüppel war nicht im Stande weiter zu lesen. Es war sein Blick zufällig auf den greisen Mann gefallen, das preßte sein Herz zusammen, seine Augen füllten sich mit Thränen.

— Warum liesest Du nicht weiter? fragte ihn der Greis.

— Es ist finster, ich sehe die Schrift nicht mehr.

— Du hast nicht wahr gesprochen. Ich fühle die Wärme der niedersinkenden Sonne noch an meiner Wange. Warum liesest Du nicht weiter?

Der Krüppel wischte die Wolken seiner Augen, die Thränen aus und las:

„Und der Mann sprach zu Eli: Ich bin es, der vom Wahlplatze kommt; ich bin von dem Wahlplatze entflohen."

„Geflohen ist Israel — und deine beiden Söhne sind gefallen, und die Lade Gottes ist genommen."

Der Krüppel vermochte nun nicht mehr an sich zu halten. Er brach in lautes Schluchzen aus, neigte sein Haupt auf des Greises Knie und barg das Antlitz in die Hände.

Der Greis trieb ihn nicht mehr an weiter zu le=

sen, sondern schloß die Augen und fuhr mit leiser Stimme im wohlbekannten Bibelterte fort:

„Und als Eli die Lade Gottes erwähnen hörte, da sank er rücklings vom Stuhle an der Seite des Thores und starb."

. . . .

Am Graben des Gottesackers, gelehnt an eine Akazie, steht ein hohes Weib.

Sie mag sechsunddreißig Jahre alt sein. Ihre Züge sind hart, streng, aber auch jetzt noch schön.

An der einen Seite des Himmels flammt die sinkende Sonne, an der andern blitzt das Ungewitter. Das Antlitz des Skéklyer-Weibes malt auf der einen Seite der Sonne Abschiedsstrahl bleibend-golden; auf die andere Seite wirft der Blitz ein schnell vergängliches blaugrünes Licht.

Und je tiefer die Sonne sinkt, desto blauer ist der Glanz des Blitzes, desto bleicher färbt er das Antlitz des Weibes.

Sie hält ihre Hand vor's Auge und blickt ununterbrochen in die Ferne, ihre Gestalt ist regungslos, als wäre sie aus Stein gehauen.

Das ist Judith, ein Urtypus des Széklyer-Weibes. Sie ist eine jener nie verwelkenden Gestalten, die den Ausdruck ihrer Züge, den Glanz ihrer großen, schwarzen Augen, die Rabenschwärze ihrer dichten Locken, den durchdringenden Wohlklang ihrer Stimme und die lebenskräftige Schlankheit ihres Körperbaues bis ins späte Alter behalten, deren Seele ebenfalls nicht altert, sondern mit den Jahren an Kraft gewinnt.

Um ihre schlanke, stolze Gestalt schlingt ein schönes sechzehnjähriges Mädchen ihre Arme. Es schmiegt sich an sie, wie die schmeichlerische Winde an die schlanke Pappel.

Das Mädchen heißt Aranka, ein schönes, blauäugiges Kind, mit glattem, blondem Haare. Ihr Antlitz ist so weiß, daß es fast leuchtet im Dunkeln, und ihre Gestalt so leicht, daß sie der Wind vielleicht forttragen könnte, wie fliegenden Samen der Blumen.

Der Sohn jenes Weibes, an dessen Brust sie sich schmiegt, ist der Bräutigam des blonden Mädchens. Er ist in die Schlacht gegangen. Das Auge der Mutter und der Braut, es sucht ihn in den Nebeln der gestaltlosen Ferne.

— Siehst Du dort nicht eine Gestalt sich nahen? fragte Judith das Mädchen, mit ihrer Hand in die Ferne zeigend

Aranka schmiegt sich noch mehr an sie, um die gezeigte Richtung genauer nehmen zu können. Ihr Haupt ruht ganz auf der Schulter des Weibes. Sie sieht noch nichts. Der Sternenstrahl des blauen Auges vermag es nicht, im Dunkeln sich so weit Bahn zu brechen, als der Feuerstrahl des schwarzen Auges bringt.

Nach einigen Minuten wird die Gestalt sichtbarer. Die Wange des Mädchens überfluthet Morgenröthe der Liebe, die Wangen der Mutter Flammenröthe des Zornes.

— Er ist's, mein Geliebter! lispelt das Mädchen, ihre kleine Hand auf's Herz pressend, als wollte sie den kleinen Kobold beruhigen.

— Waffenlos! schreit die Mutter entsetzt auf und wendet das Antlitz ab und bedeckt mit der Hand ihre Augen.

Aus solcher Ferne erkannte die Geliebte den Bräutigam, aus solcher Ferne ersah die Mutter die Schmach ihres Sohnes.

. . . .

Wankend, unentschlossen kam der gesehene Flüchtling auf der weglosen Ebene heran. Sein Haupt ließ er traurig niederhangen auf die Brust, unter seinen Schritten schien die Erde zu wanken.

Seine Kniee brachen manchmal zusammen. Er fiel. Dann erhob er sich wieder und schien mit letzter Kraft der Stadt zuzueilen.

Als er jedoch die auf dem Hügel versammelten Weiber wahrnahm, lenkte er seine Schritte zu ihnen. Er war kothig und blutig, seine Locken hingen ihm über das Antlitz herab. Seine Kleider waren zerrissen. Mit einer Hand war er bemüht, einen Riß in der Brust zu bedecken, daß Niemand ihn schaue.

Jeder erkannte in der Gestalt den Sohn der Judith und die Weiber umringten die Mutter, als sie den Sohn sich ihr nahen sahen.

Der Graben des Friedhofes war zwischen Mutter und Sohn. Er konnte ihn nicht überschreiten. Er sank vor demselben nieder.

— Wo ließest Du Deine Waffe? fragte ihn Judith, hervortretend aus der Menge, mit harter, verurtheilender Stimme.

— Der Jüngling wollte sprechen. Er wollte es gern sagen, daß er seine Waffe, zerbrochen, im Herzen des Feindes ließ, aber er hatte nicht die Kraft, es zu sagen, das Wort erstarrte auf seiner Lippe.

— Sprich, ist die Schlacht verloren?

Der Jüngling nickte stumm und ließ sein Haupt auf die Brust niedersinken.

— Wäreft Du auch dort zu Grunde gegangen, wäreft Du auch nicht übrig geblieben für die Tage der Schmach! Warum bist Du heimgekommen?

Der Jüngling schwieg.

— Warum wolltest Du Dein Vaterland überleben? Kamst Du nach Hause, um begraben zu werden? Hätteft Du Dir dort ein Grab gesucht, wo sterben Ruhm ist, auf dem Felde der Schlachten. Hebe Dich fort von hier! dieser Friedhof hat keine Stätte für Dich. An unserem Sterben sollst Du nicht Theil nehmen. Geh' fort von uns. Verläugne es, daß Du hier geboren. Leb' oder stirb, aber vergiß uns!

Der Jüngling ließ seinen flehenden Blick über das Antlitz der Frauen hinstreifen, — nirgends Theilnahme, nirgends ein Zug des Mitleids. Es suchte sein Auge die Braut, die schönste Hoffnung seiner Seele, das kleine blonde Mädchen.

Sie kniete dort zu den Füßen der Mutter, bergend das liebliche kleine Haupt in die Kleider Judiths, verbergend ihr Schluchzen.

Der Jüngling wankte noch, er wartete noch, daß

ihn Jemand doch bleiben heißen werde. Und als er sah, daß Niemand zu ihm sprach, nicht einmal seine Braut, daß nicht einmal diese ihn bleiben hieß, nicht einmal die ihn tröstete, raffte er sich auf vom Boden, hielt mit der Hand das zerrissene Kleid über der Brust zusammen, und wankend, mit unsicherem Schritte ging er der weglosen Steppe zu; er blickte nicht e i n m a l zurück. Dahinschwankend im wüsten Walde verirrte er sich, dort nahm er die Hand vom zerrissenen Kleide weg. Eine furchtbare Wunde wurde sichtbar. Irgendwo im veröbeten Thale sank er nieder, sein Blut floß dahin, dort starb er. Es hatte dies Niemand erfahren.

Es kamen dann auch andere Széklyer-Jünglinge aus der verlorenen Schlacht heim. Und vom ersten bis zum letzten wurden sie von den Széklyer-Weibern weg — hinausgejagt.

— Sucht Euch ein anderes Vaterland, wenn Ihr das nicht vertheidigt habt.

Sie verfluchten sie, sie jagten sie fort in die weite Welt. Sie sollen gehen, wohin sie ihr Auge führt.

Die Széklyer-Jünglinge wanderten fort, wanderten aus in fremde Länder, sie sind jetzt noch weg, kehren auch nimmer zurück.

. . . .

Ein lautes Weinen der Széklyer-Weiber im Gottesacker wurde jetzt hörbar, ein himmelstürmendes Weinen.

Der greise Mann an der Thüre der Gruft hörte das Weinen und fragte, was das für Weinen sei.

— Das Széklyerland ist verloren, Deine Söhne, Deine Enkel sind gefallen in der Schlacht. Gábor Aron ist auch gefallen, seine Kanonen sind auch verloren. Der Feldherr sank auch an seinen Wunden dahin.

Als der Greis dieses hörte, hob er seine Hände und lichtlosen Augen zum Himmel. — Mein Herr, mein Gott! — schrie er und hörte auf lichtlos zu sein, denn das ewige Sonnenlicht des Himmels erschloß sich seiner Seele. Er starb.

Die Széklyer-Weiber nahmen den verblichenen Greis in ihre Arme, den Greis, dem die Kunde der verlornen Schlacht die Flamme des Lebens ausblies, — sie trugen ihn auf ihren Armen hinein in ihre verwaist gebliebene Stadt, nach Kézdi-Vásárhely.

Dahinbrütend folgte ihnen der Krüppel mit seiner Krücke und murmelte bitter für sich:

— Warum konnte ich nicht dort sein? Warum konnte ich nicht dort sterben? . . .

* * *

In Kézdi-Vásárhely gab es keinen Mann mehr. Die Tapfern sind gefallen, die Feigen sind vertrieben worden, den letzten legt man jetzt in den Sarg. Und der war auch ein blinder Greis, weit über die Achtzig.

Nur Weiber und Kinder waren noch in der Stadt. Verwittwete Frauen und verwaiste Kinder.

Um den Sarg des achtzigjährigen Greises, dort weinen die Verlassenen. Gott weiß es, sie beweinen den Todten nicht.

Zu Füßen des Sarges auf einem kleinen Schemel sitzt der Krüppel. Sein Antlitz birgt er in die Hand. Es thut ihm so weh zu hören, daß der letzte Mann gestorben ist, ihn läßt Niemand gelten als Mann.

Es stehen die Weiber um den Sarg, voll ist der Hof, Jede kommt zu sehen den Todten, den letzten Mann im Sarge, den die Aeltesten nicht als Jüngling gekannt, dem die Kunde der verlornen Schlacht das Herz brach.

Er hatte viele Verwandte und seine Verehrer waren Alle, die ihn gekannt. Seine Enkel und Urenkel bildeten schon ein ganzes Völklein. Und die Zahl Derer, denen er im Leben Gutes erwies, denen er Stütze und Rathgeber war im Mißgeschicke, war so

groß!.... Aber der größte Theil derselben ist jetzt nicht gegenwärtig. Sie liegen draußen auf dem Schlachtfelde oder irren umher in der fremden, fluch=
beladenen Welt. Von all' den vielen Enkeln ist nur der Krüppel gegenwärtig, und den will Niemand als Mann gelten lassen.

Er war geliebt von Allen, er ist Allen gestor=
ben, Alle haben sie einen Grund, ihn zu beweinen. Aber Keiner hat so viel Grund, ihn zu beweinen, wie Judith, das Weib mit der stolzen Seele, und David, der Krüppel. Und doch weinen nur sie zwei nicht.

Es glüht ihr Haupt, in ihrem Hirne brennen Flammen. Aus dem feuerspeienden Berge springt keine Quelle. Ihren Augen könnten vielleicht eher Funken als Thränen entströmen.

Judith ruft den Krüppel weg von den weinenden Weibern in ein Nebenzimmer.

Mit gekreuzten Armen bleibt sie vor ihm stehen und spricht:

— David! Dein Urgroßvater liegt hier ausge=
streckt, Du sitzest am Fuße seines Sarges und Deinem Auge entquillt keine Thräne, woran denkst Du? —
Du hast die ganze Nacht nicht geschlafen, ich hörte,

wie Du Dich umherwarfst in Deinem Bette, wie Du ächztest, woran denkst Du?....

Der Krüppel senkte das Haupt und schwieg.

— Dávid! wärest Du ein gesunder, starker Mann, wäre Deine Hand gewohnt, statt der Krücke Schwert und Bayonett zu führen, möchtest Du dann, Dávid! Dein Haupt schweigend senken, wie jetzt?

Der Krüppel erhob sein flammendes Antlitz zu dem Blicke der Frau. Sein großes, schwarzes Auge leuchtete so kühn, so heldenmüthig, als hätte die starke Seele ihres Hauses Stechthum auf Augenblicke vergessen.

— Und Du wirst nie glücklich sein, — fuhr die Frau fort, — keine Freude harret Dein im Leben. Und doch, wer weiß es, wie lange Du noch leben kannst?... Aber sprich: wenn der Tod vor Dir erschiene in seiner herrlichsten Gestalt, glänzender als auf dem Schlachtfelde, und sprechen würde: Wirf von Dir die Krücken, nimm zur Hand die Werkzeuge der Zerstörung; siehe, ich lege Alles in Deine Hand, was Du auf der Welt liebtest, mache Dir einen Sarg daraus, mache Dir einen Scheiterhaufen daraus, damit, wenn Du stirbst, nichts zurückbleiben möge, um dessentwillen Du in der andern Welt der Erde gedenkest.....

— Ich verstehe Dich nicht.

— Willst mich vielleicht nicht verstehen....
Das Leben ist am Ende doch schön, nicht wahr?...
Selbst in Lumpen, im Schmutze der Schmach, im
krüppelhaften Körper ist das Leben schön?... Du
willst selbst die Krücke nicht mit Flügeln vertauschen?...

— O, sage das nicht! Wie oft hätte ich so gerne
das mir zum Ekel gewordene Leben für beneideten Tod
dahingegeben! — sprach der Krüppel und setzte leise
hinzu: — für rühmlichen Tod!....

— Und wer hätte einen rühmlichern Tod, als
Du? Hoch über dem Schlachtfelde, wo selbst die Elemente kämpfen, hoch inmitten des Schlachtgeschreies
stündest Du, als blutvergießender Engel des Todes,
mit eherner Stimme tödtlichen Widerstand verkündend
Allem, was da lebt; und wenn schon Alle dahingesunken und Niemand mehr da wäre, der helfen
könnte, dann würdest Du den Händen des Feindes
den sichern Sieg entreißen und ihn mit Dir nehmen,
daß er heldenmüthig sterbe, nicht ins Grab, sondern
hinan in den Himmel.

— O könnte ich's doch thun! — seufzte der
Krüppel auf. — Aber was ist meine Stimme? was

mein Arm? Meine Stimme ist nicht hörbar im Kampfe, mein Arm kann Keinem den Sieg entreißen.

— Merke auf! Die Sieger werden heute oder morgen in unsere Stadt kommen. Aber sie werden hier nicht Rast finden; hier harret ihrer weder Freude, noch Ruhe. Die Häuser werden vor ihnen verschlossen sein. Der Waffe wird die Waffe antworten, und wenn die Männer Kézdi-Vásárhely's ihre Stadt vertheidigend sterben konnten, werden ihre Weiber ihrer nicht unwürdig sein. Wir werden zu Grunde gehen, der Arm des Weibes ist schwach, wenn sein Herz auch stärker ist ... Wir haben weder Kraft noch Waffen zu widerstehen, bloß den Willen haben wir. Der Zweck ist ohnehin nicht Sieg, sondern ein ehrenhafter Tod. Du wirst hinaufgehen in den Thurm. Wenn Du in der Ferne den Feind kommen siehst, läutest Du die Glocke, wir tragen dann unsern Todten zu Grabe. Bei seinem Grabe erwarten wir die unliebsamen Gäste, und wenn sie mit Gewalt hereinkommen wollen, dann wehe uns. Jedes Haus muß einzeln vertheidigt werden. Die Verzweiflung wird uns kämpfen lehren, und wenn unsere Herzen geneigt würden, sich von Furcht oder Bangen übermannen zu lassen, dann werden wir die eherne

Stimme Deiner Glocke vom Thurme vernehmen, und unsere Seele wird frische Kraft überkommen. Du wirst die Glocke läuten, so lange der Kampf uns nicht überwältigt. Dann aber findest Du in einer Nische schon bereitliegende Pechkränze, die zündest Du an, und wenn Du siehst, daß der Feind der Stadt Herr geworden, schleuderst Du jene herab auf die Dächer der Häuser, eroberst die Stadt wieder und inmitten des Funkenmeeres, der Rauchwolken nimmst Du sie mit Dir hinan ins Himmelreich.

Der Krüppel hörte mit immer fieberischer werdendem Zittern die Worte des schrecklichen Weibes, bei ihren letzten Worten ließ er die Krücke aus seinen Händen fallen, sank hin zu den Füßen des Weibes, umschlang ihre Kniee und stammelte unverständliche Worte, aber aus seinem flammenden Auge konnte man's lesen, daß seine Seele schon die Schwingen breite zum Fluge dem Tode entgegen.

—Wirst Du Muth haben?

— O ich werde jubeln und jauchzen! Ich werde nicht verstümmelt, nicht Krüppel sein, ich werde ein Held sein. Ich zünde den Thurm über meinem Kopfe an und läute dabei die Glocke, und wenn ringsherum die Stadt brennt, auch dann noch werde ich die rothglühende Glocke läuten und singen, bis mich die Flamme verzehrt: — Die Leiber Deiner Knechte, die den Tod empfangen haben, sie wurden ein Mahl von Raben! — Brülle, Thor! Schreie, Stadt! es ist gekommen des Herrn furchtbarer Tag! . . . .

Und die Gestalt des Krüppels begann wie in heiligen Convulsionen zu zittern, seine dürren, welken Arme mit ausgestreckten Händen waren zum Himmel erhoben. Er lag auf den Knieen, denn er hatte die Krücke fallen lassen. Er sah aus, als betete er in heiliger Verzückung.

— Komm mit mir, — sprach das Weib, ihn von der Erde erhebend. David ergriff seine Krücke, und so eilends, so lebhaft schritt er neben der Frau einher, als ginge er gar nicht auf der Erde, als hätte er schon Flügel statt der Krücke.

Als sie durch das Leichenzimmer kamen, ging er hin zu seinem Urgroßvater, küßte dessen kaltes Antlitz und Hände, und mit erleuchtetem, überirdischem Ausdrucke im Gesichte stammelte er: — Wir werden einander bald wiedersehen!

Judith hieß die Weiber bleiben, bis sie zurückkehre, — sie selbst ging mit dem Krüppel fort und führte ihn in den Thurm hinauf. Mit einer bisher noch nie gezeigten Kraft stieg dieser die steilen Treppen hinan, seine Seele schien ihn zu tragen.

Judith küßte die Stirne des armen Verstümmelten und ließ ihn darauf in dem Thurme allein.

Dávid setzte sich ins Thurmfenster, aus dem man eine weite Aussicht hatte, und als er von oben Judith erblickte, schrie er ihr nach.

Das Weib blickte auf, der Krüppel neigte sich zum Fenster heraus und warf seine Krücke hinab.

— Ich werde sie nicht mehr brauchen! Ich will versichert sein, daß ich in der Stunde der Versuchung mich tapfer halten werde. Ich habe darum auch die Thurmthüre verschlossen, da hast Du, ich werfe den Schlüssel Dir auch hinab!

Und er warf den Schlüssel aus dem Thurmfenster.

Und dann schaute er in die Ferne.

* * *

Judith kehrte zum Hause zurück, wo der Todte lag.

Da waren die Weiber Kézdi-Vásárhely's zusammengekommen, um sich satt zu weinen. Und doch hätten sie zu Hause auch weinen können, denn jedes Haus hatte seinen Todten.

Judith blieb unter ihnen stehen, mitten im Hofe.

Ihre hohe, imponirende Gestalt, Ihr durchbringender Blick, die kalten, kraftvollen Züge ihres Antlitzes — all' dies bezeugt es, daß sie Führer der Dagebliebenen sein muß, nachdem der männliche Zweig ausgestorben.

Sie winkte, daß sie nicht weinen möchten, und Jede schwieg.

Darauf sprach sie zu ihnen mit starker, wohlklingender Stimme, an welcher kein Zittern hörbar war:

— Schwestern! Wittwen und Waisen Kézdi-Vásárhely's, höret meine Worte! Gott hat unsere Tage schwer heimgesucht. — Wir mußten sie überleben, die besser waren als wir, wir mußten Alles überleben, was wir geliebt. — In unserer Stadt gibt es kein Haus, das nicht Jemanden erwartete, Jemanden, der nicht mehr heimkehren wird. — Wie lange wir auch leben mögen, uns blühet keine Freude mehr. — Wir können alt, wir können grau werden in unsern traurigen Wohnungen, aber die bessere Hälfte unseres Lebens liegt unter der Erde. — Und das sind noch nicht die schwersten der Schläge, die über uns verhängt sind. — Statt Jener, die wir geliebt, werden die kommen, die sie erschlagen. — Wir werden sie mit Sieg verkündender Musik durch unsere Gassen dahinziehen sehen, wir werden sie in unsern Zimmern auf jenem Platze sitzen sehen, der nach unsern Theuern leer geblieben ist. — Statt der wohlbekannten Töne werden wir fremde Worte hören, und der lüsterne Blick des Fremden wird Eures Antlitzes verwittwete Reize treffen. — Aber ich werde jene Zeit nicht feig erleben. Der Tod gibt Alles wieder, was das Leben nahm, und den Tod kann uns Niemand wegnehmen, so wie man das Leben nehmen kann. Wenn ich nicht wüßte, daß ich unter Széklyer-Frauen stehe, würde ich Abschied von Euch nehmen und sagen: ich gehe allein, handle allein, sterbe allein. — Aber ich kenne Euch. — Ihr müßt dort sein, wo ich sein werde, Ihr müßt das thun, was ich thun werde, Ihr müßt Eurer Todten würdig sein. — Jetzt geht Ihr nach Hause, Jede von Euch legt das Beste ihrer Habe auf den Boden hinauf, verrammelt die Thore mit Wagen, nur die Thüren sollen offen bleiben, dann macht Ihr Feuer an im Kamine, die Kinder sollen in Kesseln Wasser und Oel sieden. — Beim ersten Glockentone eilt Ihr Alle herbei. — Wir tragen den Todten da zum Stadtthor, und dort am Ende der Gasse, quer im Thore, graben wir ein Grab und mit diesem Grabe wird die Stadt verschlossen sein. — Von da an kommt Niemand lebendig aus der Stadt.

— Jetzt geht, ordnet Eure Häuser. — Beim ersten Glockentone eilt hierher.

Die Frauen zerstreuten sich, es weinte keine einzige mehr. Abgestumpft, mit dem Schweigen der Verzweiflung ging jede nach Hause. Sie thaten, was befohlen war, — sie verrammelten die Thore, siedeten Wasser und Oel, schliffen Messer, schärften Beile. Die kleinen Kinder weinten, jammerten im Vorhause, sie wußten selber nicht warum?

* * *

Von Preblaló her, wo der Gebirgsweg sich umbiegt, erheben sich in der Ferne mächtige Staubwolken und nahen auf der Straße, die nach Kézdi-Vásárhely führt.

Die Glocke ertönt.

Das war die einzige Glocke in Kézdi-Vásárhely, aus den andern waren Kanonen gegossen worden.

Der Ton dieser letzten Glocke zeigt an, daß die unliebsamen Gäste nahen.

— Man läutet Sturm! . . . . Die Glocke ruft zum Begräbniß . . . . Zu wessen Begräbniß? . . . . Zu dem des letzten Mannes.

— Man läutet die Seelenglocke! . . . . das zum

Sterben vorbereitende Glöcklein . . . Wer will denn sterben? . . . . Die ganze Stadt.

Dem Thore Kézdi=Vásárhely's nahen zwei Haufen, der eine von außen, der andere von der Stadt.

Jene sind lauter Männer, bewaffnete, gestählte Helden. Diese sind lauter Frauen, Mädchen, ein schwaches, waffenloses Völklein.

Mit Jenen kommen schwere Kanonen, die Triumphwagen des Todes, von je sechs Schlachtrossen gezogen. Auch mit Diesen kommt ein Wagen, auch der ist ein Wagen des Todes, die Trauerbahre, von sechs schwarzen Pferden gezogen, auf ihm der Sarg mit schwarzem Flore bedeckt.

Jene kommen mit dröhnender, jauchzender Schlachtmusik, diese mit düster=melancholischem Liede; Jene mit wehenden Fahnen, diese mit wehenden Fackeln.

Beide Haufen nahen sich dem Thore. Ein offnes Grab durchschneidet den Weg.

An dem Grabe werden sie sich treffen . . . . . .
. . . .

Ein Haufen tscherkessischer Reiter nähert sich der Stadt. Ihre Kleidung, ihre Gesichtszüge, ihre Sprache — all' das ist irgend ein verirrtes Andenken aus längst, längst vergangenen Zeiten. — Als das magyarische Volk sich auf den Weg machte, in der unbekannten Welt ein Vaterland zu suchen, — schon damals wurde es vom Schicksal verfolgt, es konnte in seinem alten Vaterlande nicht bleiben, — verließ es millionenweise seine Heimath, — hie und da ließ es sich nieder, — aber auch von da wurde es durch die Stürme des Schicksals weggetrieben, ein Theil ging weiter, der andere blieb zurück, — auf ferner Erde jenseits der Wolga, — hinter den wilden Felsen des Kaukasus; — die von einander geschiedenen Brüder bekamen nie mehr Kunde von einander, — sie vermengten sich mit den Nachbarstämmen, — sie veränderten sich gewaltig, — und als sie die Laune des Weltgeistes nach tausend Jahren wieder zusammenführt, stehen sie als Feinde einander gegenüber, kennen sie einander nicht mehr; aber irgend eine schmerzliche Ahnung, irgend ein bitteres Hinneigen zu einander überkommt die sich Treffenden, Beide fühlen ihr Herz bange, ihren Arm matt werden und sie wissen nicht warum?

Der Führer des Reiterhaufens ist ein junger, schöner Fürst aus den Gegenden des Kaukasus, seinem sonnegebräunten, schönen, ovalen Gesichte läßt das kleine dunkle Schnurrbärtchen so gut!... Wenn er einen Dolman anzöge, würde Niemand sagen, daß er kein Magyare ist.

Aber auch die Kleidung, die er trägt, macht solch' sonderbaren Eindruck! Die rothe, rings verbrämte Mütze, das kurze, blumengestickte Brustkleid mit seinen kurzen Aermeln, unter welchen ein längerer, andersfarbiger Kaftan mit langen Aermeln hervorscheint, jener krumme Säbel, selbst die Art, wie dieser umgegürtet ist, das sind lauter Dinge, die an einen bekannten Gegenstand erinnern, an Einen, den wir etwa einmal im Portrait gesehen, aber dessen Namen wir vergessen; — an ein Traumbild, das uns mehrere Male erscheint; — an eine Sage aus fernem Kindesalter. Man seufzt und es thut Einem so wehe, daß man mit ihm nicht sprechen kann, daß man ihn nicht fragen kann: Was machen die daheimgebliebenen Verwandten? Sind sie glücklich? Beten sie noch den alten Gott an? Sind sie noch frei in ihren Urwüsten? zwischen ihren Urfelsen? Sieh', wir sind nicht glücklich im neuen Vaterlande. Uns verläßt der neugewählte Gott so häufig! Wir weinen viel, wir bluten viel, o wären wir doch nie hierhergekommen!

Wenn sie unsere Worte verstünden und dann nach Hause kämen, würden sie dort erzählen, daß sie nicht Grund haben, das Geschick der geschiedenen Brüder zu beneiden; und sie spendeten uns dann je eine Thräne, je einen Seufzer, und der Enkel würde unsern Namen aussprechen lernen. Wenn es dann dunkelte, würde sie sich hinaussetzen auf die hohen Felsen, vor die Schwelle ihrer Hütten, die sie noch unlängst so heldenmüthig und so vergebens vertheidigt, wie ihre fernen Stammverwandten, über deren Häuptern die Sonne niedersinkt, und würden sprechen: So sanken auch sie nieder!........

Der Haufe erreichte das Thor der Stadt. Die Weiber hatten mittlerweile das große Grab gegraben, quer über den Weg, verschließend dadurch den Ausgang, zuschließend die Stadt.

Womit könnte man eine Stadt, die keine Einwohner mehr in sich aufnehmen will, wohl besser zuschließen, als mit einem Grabe, den Kommenden eben im Wege?

Der Reiterhaufen blieb vor den Begräbnißgästen stehen. Die Frauen singen ein trauriges Lied vom Tode, von den Seliggewordenen nach dem Tode, die Tröstungen des Grabes, die Hoffnungen des

Jenseits, die Nichtigkeit des Lebens; die Frauenstimme ist ohnehin so traurig, das Grablied tönt von ihr so zitternd dahin, wie Glockenschlag um Mitternacht; das Schluchzen füllt des Liedes Pausen aus und aus der Stadt tönt das klagende Heulen herrnloser, allein gebliebener, haushütender Hunde.

Der Führer des Reiterhaufens steigt von seinem Schlachtroß, auch seine Gefährten sitzen ab. Sie nehmen die Mütze vom Haupte, falten die Hände, und sich hinstellend an die Seite des Grabes, beten sie innig mit andächtig zum Himmel emporgehobenem Blicke. Wer würde glauben, daß dies Feinde sind?

Nach beendetem Gebete will sich der Führer den Frauen nähern, die jenseits des Grabes stehen. Da tritt eine von ihnen hervor, Judith ist's, und mit kühnem, kaltem Blicke und abwehrender Bewegung weist sie den Nahenden zurück.

— Nahe nicht! dieses Grab ist eine Grenze zwischen Euch und uns. Ihr habt nichts zu suchen in dieser Stadt. Da sind nur noch Weiber und Kinder, deren Stützen Ihr schon getödtet. Seht, in dieses Grab da legen wir jetzt den letzten Széklyer-Mann, der Kézdi-Vásárhely bewohnt hat. Er ist hier Greis geworden, er war ein Heiliger. Gott ließ ihn neun=

unbachtzig Jahre leben, damit er Führer und Rath=
geber der ganzen Stadt sei, jetzt rief er ihn zu sich,
denn diese Stadt braucht kein Leben mehr. Sein Tod
war selbst wunderbar, er wurde nicht gequält, wie
andere Erdenkinder; bei der Kunde der verlornen
Schlacht flog seine Seele aus. Er war blind seit
zehn Jahren, denn wenn er das nicht gewesen wäre,
hätte ihn nicht die Kunde der Schlacht, sondern, wie
alle übrigen Männer, der Stahl der Schlacht getödtet.
Die Frauen Kézdi=Báſárhely's werden ihn hierher
begraben ins Thor der Stadt, gerade im Eingange,
damit Jeder, der hereinkommen will, entſetzt umkehre.
Allmälig wird die Straße Gras überwuchern, die
Reiſenden werden ſich nicht mehr hierher finden,
rings um die Stadt wird Wald und Moor empor=
ſchießen. — Wir aber werden Eine nach der Andern
ſterben und wir wollen nicht, daß uns Jemand be=
weine. Wir werden leben in Trauer, ſterben ohne An=
gedenken, wie es Wittwen ziemt, deren Gatten auf dem
Schlachtfelde geblieben. Darum sei es gesegnet die=
ses Grab, welches die Stadt abschließt von der Welt,
und verflucht sei, wer darüber hinschreitet im Leben
und nach seinem Tode. — Amen!

Verſöhnung im Antlitze ſprach der Tſcherkeſſe

unbekannte Worte zu den Széklyer-Frauen und das aus seiner Brust hervorgezogene und auf die Spitze seiner Lanze gesteckte weiße Tuch schien zu versichern, daß er der Stadt Frieden und Versöhnung gebracht. Die Frau verstand das Zeichen und winkte verneinend.

— Du bringst vergebens den Frieden. So lange hier ein lebender Odem weht, wird Krieg sein zwischen uns und Euch. Frieden gibt uns nur der Tod. Hier wohnt Trauer. Aber die Trauer lebt in unserem Herzen nur um unsere Todten, für Euch hat es nur Haß. Geht weg von hier. Die Welt ist groß, ihr findet Raum in ihr. Wir haben nichts, was Ihr uns nehmen könntet. Auch um auszuruhen, könnt Ihr nicht hierher kommen, die Ruhe ist aus dieser Stadt auf ewig ausgewandert. Am hellen Tage schreiten grabentstiegene Gespenster die Gassen entlang, Weiber mit ausgeweinten Augen, die das Grab ihrer Theuern und das eigene suchen. Unglückselige sind's, die Wahnsinn jagt und Selbstmord führt. Geht weg von hier.

Im Herzen des Tscherkessen weckten die unbekannt-bekannten Töne solch' sonderbaren Wiederhall! In Melancholie versunken blieb er vor dem Grabe, auf den Schaft seiner Lanze gelehnt, stehen und überblickte die trauernden Frauen, als ob sie lauter Bekannte wären; er wußte ihnen nicht zu antworten.

In Pflichterfüllung war er aufgewachsen, er war gewohnt, jedem Befehl ohne Erwägung nachzukommen, und jetzt fühlte er nicht die Kraft in sich, in die Stadt zu gehen, wie dies ihm befohlen war.

— Nimm's herab von der Spitze der Lanze, nimm's herab, das weiße Tuch! — rief ihm die Frau zu; — stoße Deine Waffe in dieses Herz, tauche in sein Blut jenes weiße Tuch und stecke es dann auf als Fahne, so kannst Du in unsere Stadt hereinkommen.

— Ueber unsere Herzen, unsere Leichen hin! — schrien die erbitterten Frauen einstimmig und warfen sich hin vor das Roß des Tscherkessenhäuptlings; das Schlachtroß tobte und bäumte sich.

Und der Tscherkesse dachte daran, daß auch er zu Hause eine geliebte Mutter habe, deren Worte denen dieser Frau so ähnlich seien, und daß auch er schöne Schwestern und eine junge Braut habe, die eben so schön sind wie diese jungen Weiber zu den Füßen seines Rosses; ihre Augen glänzen eben so, ihre Gesichtchen sind eben so blaß, so länglich, ihre Züge so lei=

benb, ihr Wuchs so herrlich, ihre Locken so schwarz, — die schönheitsvollen Tscherkessierinnen sehen den Széklyerinnen so ähnlich!...

Und sein Herz übermannte ihn. Er wendete sein Antlitz ab, daß die Frauen die Thräne nicht sähen, die seinem Auge entrollte, dann gab er seinem Pferde die Sporen, winkte mit dem weißen Tuche noch einmal den zurückgelassenen trauernden Frauen und sank hin auf den Nacken seines Pferdes. Seine Gefährten sprengten ihm nach, die Lanzen pfiffen durch die Luft. — Eine Staubwolke verschlang ihre Gestalten. Weder die Széklyerinnen noch die Tscherkessierinnen haben ihn je wieder gesehen.

Zurückgekommen zum Heere, wurde er vor ein Kriegsgericht gestellt, weil er dem Befehle nicht nachgekommen, und den die Kugel der Schlacht vermieden, den tödtete das strenge Kriegsgesetz, weil er gegen dieses gesündigt.

Gegen die von Frauen und Mädchen bewohnte Stadt wurde dann ein Mann entsendet, der ein härteres Herz besaß. Dieser ließ von den Hufen der Rosse den inmitten der Straße sich erhebenden Grabeshügel niederstampfen und die verschlossen gefundenen Thüren gewaltthätig mit Hellebarden erbrechen.

Er hatte dort einen mühevollen Kampf zu bestehen, ohne den Ruhm des Kampfes, einen Kampf
mit Weibern, Kindern und ihre Herrinnen verthei=
digenden Hunden. Jedes Haus mußte einzeln genommen werden. In jeder Gasse mußte er den
Kampf von Neuem beginnen. Aus Fenstern und
Dächern, mit Steinen und siedendem Wasser kämpfte
das fanatische Volk gegen ihn.

Und dabei tönte fortwährend die Glocke. Zwischen
Geschrei und Waffengeklirr war das grauenvolle
Geläute hörbar, zur Verzweiflung antreibende Töne,
mit welchen der hohe Thurm, gleich einem schwerfäl=
ligen Riesen, der sich selber nicht bewegen kann, sich
emporreckend über die Stadt, sein Volk anzufeuern
schien; und wenn dann und wann in dem fürchterlichen Getöse eine Pause entstand, hörte man das
wilde, kreischende Lied von oben:

> Die Leiber Deiner Knechte,
> Die den Tod empfangen haben,
> Sie wurden ein Mahl von Raben.

Im Verlaufe der Nacht wurde der Widerstand
niedergekämpft. Die Stadt war in der Hand des
Bezwingers. Schon tönte und immer stärker das
Siegeslied und immer schwächer das Schreien der

Sterbenden, als plötzlich, wie wenn sie dem Himmel entsänken, schablustige Feuer auf die Dächer der Häuser niederfielen; die brennenden Pechkränze setzen die Stadt in einigen Augenblicken in Flammen, die wirbelnde Windsbraut kommt den Flammen zu Hülfe, sie trägt den flackernden Zunder von einem Ende der Stadt zum andern. Die Flammen erheben sich, die Decke des Himmels scheint zu glühen, und die im schwarzen Rauche vom Winde durch einander gepeitschten flatternden Funken sprühen empor, als wären sie von unsichtbaren Dämonen zur himmelstürmenden Schlacht getragen!... Das Geschrei der Menschen überbraust das Toben des Sturmes.

Aber am höchsten unter allen Flammen brennt hoch auflohend die Spitze des Thurmes, wie eine Riesenfackel, und unter dem lobernden Dache hervor tönt noch immer das traurige Glockengeläute, die Stimme der Schlacht, des Feuers, des Sturmes und des Begräbnisses. Jetzt plötzlich nimmt der Wind eine andere Wendung, er treibt die Flammen nach einer andern Richtung, ein furchtbares Gekrache ertönt, dann verstummt die Glocke, vielleicht ist sie eben herabgestürzt.

Die zwei Elemente wurden Herren des Schlachtfeldes: Wind und Flamme.

Die Menschen flohen von dannen. Nur ein zweifaches feindliches Schlachtgeschrei war noch hörbar: das Heulen des Sturmes und das Prasseln der Flammen.

Es war, als ob die Geister in Luft zerflossener Frauen der Kriegsmänner himmelan strebende Seelen in Gestalt von Funken zurück, niederschleuderten, und je mehr sie zurückschleuderten, desto mehr bestürmten die ihnen streitig gemachte Sternenheimath.

Warum sind wir nicht auch dort?